문예신서
2003

엄마 아빠, 꿈꿀 시간을 주세요!

에티 부젱

박주원 옮김

東 文 選

엄마 아빠, 꿈꿀 시간을 주세요!

엄마 아빠, 꿈꿀 시간을 주세요!

Etty Buzyn

Papa, maman,
laissez-moi le temps de rêver!

© Éditions Albin Michel S.A., 1995

3. 꽉 찬 머리 혹은 비어 있는 머리 ─────── 77

II

꿈을 위한 자리

1. 상상의 세계 ─────── 95

서 문

"인간은 꿈이라는 직물로 짜여진 존재이다."
윌리엄 셰익스피어

프랑수아즈 돌토(프랑스의 정신분석가) 부인이 작고하기 1개월 전, 아직 그녀의 의식이 남아 있을 때 우리는 이승에서의 마지막 만남을 가졌다. 그때 나는 몽상가이면서 예술가 기질을 지닌 아들이 학교 생활을 약간 산만하게 하고 있는 것에 대한 걱정을 토로했었다.

돌토 부인은 평상시대로 내 말을 주의 깊게 경청한 후, 여지없이 속사포처럼 질문들을 쏟아냈다. "지금 무슨 말을 하고 있는 거예요? 아들이 당신의 바람에 맞질 않는다는 건가요? 그러면 본인은 아들의 기대치에 미치는 엄마인가 생각해 보았나요? 분명 당신도 이상적인 어머니는 아닐 거예요. 그렇다고 해서 아들이 당신을 바꾸어 보려고 시도하던가요? 어째서 아들이 자신의 성격을 버리고 다른 사람이 되기를 원하는 건가요? 아들은 당신 자체를 받아들이고 있는데, 당신도 아들 자체를 받아들여야죠. 그 아이는 당신이 시간을 두고 기다려 준다면 무한히 발전할 수 있는 능력을 갖고 있습니다."

벌써 6년 전의 일로 돌토 부인이 내게 해준 마지막 당부의 말을 나는 줄곧 마음속에 간직하고 있다. 그녀의 충고는 지당한 것이다. 이후로 나는 전반적으로 강제적 성격을 띠고 있는 교육 체계에 별다른 확신 없이 동의하는 것과, 내 아이들을 가장 나쁜 것으로부터 지켜야 한다는 보존 본능 안에 지니고 있는 직관적인 확신 사이에서 선택을 해야만 했다. '아이들의 학교 생활은 결국 전적으로 전투원의 여정과 흡사한 것은 아닐까' 라는 생각을 해본다. 그러나 나는 아이들이 자신들의 견해를 갖고자 하는 결단력은 결코 쇠퇴하는 게 아니고, 지장 없는 범위 내에서 내가 책임지는 것을 소홀히 함으로써 조성된다는 것을 인식해야만 했다.

　매일 여러 아이들을 상담하면서 얻은 이같은 개인적인 경험을 다른 부모들과 공유하면 좋지 않을까라는 생각이 들었다. 일찍이 경제적 · 사회적 이해 관계로 규정된 엘리트주의 규범에 반감을 가졌었던 어른들(교육자 · 부모님 · 선생님)이 다시 아이들에게 그 규범에 맞추어 행동해 줄 것을 요구하고, 너무 일찍 철들기를 강요하는 것을 자주 보게 된다. 이러한 현실 앞에서 심리치료 의사와 정신분석가로서 이 아이들이 저항을 시도할 수 있다는 사실을 계속 일깨워 주려고 노력했다. 결국 현재 자행되고 있는 교육이 내 아이들에게 반감과 부정적인 영향을 끼칠 수 있다는 자각이 들면서, 점차적으로 '우리 각자 안에 잠들어 있는 아이' 에게 맞는 교육 방식에 대하여 다시 문제 제기하는 것이 우선적으로 이루어져야 되는 일임에 명확한 인식을 갖게 되었다.
　나는 이 책에서 이상적인 아이——현대 사회가 요구하는 사항에 적합한 아이——로 키우는 데 목적을 둔 수많은 안내서나 대부분의 책들처럼 다양한 기술이나 방법 제시를 주장하는 게 아니다. 나는 이론서를 만드는 데는 관심이 없고, 다만 아이들의 체험에 초점을 두고 청소년과 성인을 상담하면서 얻은 나의 임상학적 실험을 결합시키는 시도에 관심이 있을 뿐이다.

따라서 본서에서는 아이들에게 내재되어 있는 꿈꾸는 성향을 지키고자 하는 데에 고찰의 중심을 두었다. 독자들이 나의 제안을 잘 이해해 줄 것을 당부하고 싶다. 그렇다고 해서 스스로 규칙과 한계에서 벗어난 아이를 옹호하자는 게 아니다. 자신을 형성하고 사회화될 기회가 없었기에 규범에서 벗어나는 행동밖에 할 수 없는 아이들의 심정을 헤아리고자 했다.

나는 단지 이 저항하는 아이들이 종종 보여주는 비장한 반항을 대변하는 존재이기를 바란다. 이 아이들은 자신들이 겪고 있는 여러 가지 고통——불면증, 복부 통증, 만성 두통 등——으로 인해 저항하고, 그 체계에 거부하려는 입장을 밝히려고 시도한다. 실제로 이 아이들의 이익을 위해 행동한다는 신념 아래, 창조성이 결여된 천편일률적인 성인들로 만들기 위하여 아이들의 독창적인 잠재성을 썩히는 교육자들이 자신들에게 가하는 수많은 압박에서 벗어나기 위해 필사적인 노력을 하는 것이다.

엄마에게 매우 의존적인 유아, 학교의 구속에 순응하는 아동, 이른 시기부터 직업의 선택에 맞닥뜨려야 하는 청소년기 등, 이 모든 발전 과정과 때로는 이들의 시도에 자주 표현되는 메시지를 해석하는 방법을 알고자 했다. 동시에 꿈꿀 권리, 호기심을 가질 권리와 가장 개인적인 갈망을 품을 권리 등, 이들이 양도할 수 없는 소중한 것으로 여기는 바를 지키려고 하는 것에 심층적인 질문을 시도하고자 한다.

내가 여기서 언급하는 아이들은, 때로는 아이들이 필요한 논쟁 방법을 지니기 전부터 어른들이 강제하기를 바라는 것에 맹목적인 순응을 거부하는 매우 상상력이 풍부한 이들로, 내가 상담하는 동안 가장 흥미를 느꼈던 이들이다. 바로 우리 사회의 미래를 위해서나, 우리 사회를 변화시킬 능력이 있는 아주 소중한 아이들이다.

이외에 이 아이들과 다른 범주에 속하는 '모범적인 아이들'은 종종 부모를 매료시키고, 자신의 내면 세계를 포기하는 것을 받아들이며, 곧바로 부모들이 그들을 위해 이미 형성해 놓은 계획을 따른다. 이런 유형의 아이들은 이 계획에 만족할 것은 분명하지만, 거기에 어떤 대가가 있겠는가? 어떤 유형의 어른이 되기 위해서인가? 시간을 쫓기에 노심초사하는 어른들은, 여가 시간을 포함해 자신에게 이익이 되게 하는 것 이외에는 그 시간을 어떻게 관리해야 되는지를 모른다. 한마디로 표현하면, 우리 현대 사회를 위해 훌륭한 소비자들에게는 관리와 수익성의 개념은 영구적인 효율성의 신화에 의거한 모든 계획 안에 들어가 있는 것이다. 어린아이는 자신과 동일한 모습을 지니기를 원하는 어른에 맞서 할 수 있는 한 그의 욕망과 꿈을 보존하기 위해 그 자신을 지켜 나간다.

이때부터 어떤 경우에도 죄의식을 지니는 것을 원치 않은 부모들은 분명 자신들의 행동을 잘한 일이라고 믿을 것이다. 이런 상황에서 아이의 위치와 아이가 주장할 수 있는 것을 재형성하는 일이 필요하다고 여겨진다. 이것은 곧 장차 어른이 될 우리 아이들에게 꿈꿀 수 있는 시간을 남겨 주어 창조력을 키워 주는 것으로, 바로 이 안에서 사회는 현재의 곤경에서 빠져나와 변화시킬 수 있는 양상을 발견할 수 있지 않을까?

우리 아이들의 말을 들을 수 있기 위해서는 서글픈 아이의 말을 우리 마음속에 깊이 새겨듣는 일이 시급하다. "책을 통해서나 도덕 의식에 의해 보존되고 있는 무거운 지식과, 진행되고 있는 삶의 경쾌한 기분 사이의 차이는 우리가 자주 체험한 것이기 때문이다. 따라서 사람들은 모든 것으로부터 깨우칠 수 있는 반면, 생의 절대적인 무지 속에 자신의 생을 보낼 수도 있는 것이다. 이것에 관련되는 것은 책들이 아니라 절제된 욕망이고, 편협한 꿈이다."*

* 크리스티앙 보뱅, 《제8요일》, Lettres vives, 1986.

I

너무 높은 기대치에
시달리는 아이들

1

어린아이도 한 사람의 인격체이다

아이를 최상의 상품으로 키우려는 '욕망'

오늘날 아이의 개념은 계획되고 '통제되는 것'으로 여겨지고, 아이가 세상에 나오는 것은 부부에게는 이제껏 누리고 있었던 균형이 깨지는 '질서 교란 요소'로 제시된다. 이같은 상황에서 아이의 출생일은 자신들의 삶에 이 혼란 요인이 개입되는 데 따른 위험 부담을 감수하는 것을 주저하는 부부가 오랜 시간 심사숙고한 후 정해지는 게 다반사가 되어 버렸다.

이같은 주저에는 '아이의 바람'(아이의 욕망)이 매우 빈번하게 부모의 선택을 결정짓는 데 피할 수 없는 경제적인 문맥 안에 들어간다는 사실이 추가된다. 실제로 필수적인 물질 조건을 겸비하지 않은 채 아이를 낳는 것은 상상할 수 없는 일이 되었고, 이같은 물질 조건은 개인에 따라 다양한 양상으로 나타나지만 보편적으로는 최소한의 재정 능력을 나타내는 것이다. 미래의 부모들은 아이와의 특별한 만남을 상상하는 대신, 아이의 탄생시 접하게 되는 다양한 감정에 귀기울이려는 대신, 우선적으로 아이에게 적합한 환경을 마련해 주어야 한다는 의무감에 사로잡히게 된다. 그렇다면 아이를 맞이하기에 적절한 환경이란 무엇을 의미하는 것일까? 대부분의 요소들이 쓸데없는 것으로 여겨지는 엄청난 비용이 들어가는 육아법 총체인가, 혹은 어머니가 일을 일시적으로 중단해야 하는 것에 대한 근심일까, 아니면 대기자가 늘어서 있는 탁아소와 막중한 부담이 되는 모자 보호 단체 사이에서 육아 방식에 대한 절박한 연구를 한다는 것을 의미하는 것일까?

이같이 물질적인 구조에 대한 근심은 태어날 아이의 모습을 상상하고, 심적으로 아이를 맞이할 마음의 준비를 하는 임산부의 일반적인 경향과는 동떨어진 모습을 종종 보이게 된다. 예비 엄마가 지니고 있는 신중함과 관련하여 보존하고 따라야 할 이 상상의 시간은, 그마저도 임신 상태를 체크하는 초음파 검진의 실행으로 더욱 짧아지고 있다. 초음파기에 나타나는 배아 상태나 태아의 이미지는, 앨범의 맨 첫 장에 꽂히는 사진이 될 만큼 모체 안에서 자라고 있는 아이를 상상하는 행위는 어리석은 것으로 여겨지게 만든다. 그러나 이 초음파기에 나타나는 영상은 하나의 속임수에 불과하다. 무엇보다도 아이는 그 움직임을 느끼고, 배를 통해 쓰다듬으며 아이와 연결된 육체적 관계를 상상하고, 계획하고, 두려움과 희망이 교차된 상태에서 아이를 상상하는 엄마와 일체감을 느끼면서 형성되기 때문이다. 육체적 연결에는 세상에 태어나기 전부터 모체 안에 있는 아이와 말을 주고받는 관계인 태교 역할도 포함된다.

마침내 아이를 갖기로 결정을 내린 부부가, 오랜 기간을 기다려 아이를 보고 싶어할 때의 그 초조감과 탄생의 실제가 부모들이 지니고 있는 관념을 혼란에 빠뜨리는 것이라면 그 실망감이 얼마나 크겠는가! 완전한 주체인 아이는 끊임없이 변화되고 항시 반복되는 일상이 꿈꾸던 바와는 동떨어진 채 구속으로 가득한 것처럼, 때로는 부모가 아이에게 바라는 것과는 매우 다른 실제를 제시하기 때문이다.

임신 여부를 통제한 후에, 부모들은 아주 자연스럽게 아이에게도 마찬가지로 이러한 통제를 행할 수 있기를 기대하게 된다. 태어나자마자 부모의 삶의 계획에 가능한 조금이라도 합류하기 위해서 아이는 계속해서 그들의 바람에 부응해야 하는 것으로 여겨진다. 부모가 아이 갖기를 결정한 순간, 부모의 바람에 맞는 이상적인 아이가 되어야 할 의무가 있는 것이다.

부모에 의해 정해진 선택의 자유는 실제로 중요한 역할을 한다. 그렇다고 해서 복고주의를 들먹일 필요도 없이 오늘날 '부모의 바람에 맞게 태어난 아이'가 예전의 '그저 별 계획 없이 우연히 태어난 아이'보다 더 쉽게 동화된다고 분명하게 말할 수는 없다. 본래 욕망의 개념이 얼마나 복잡하고 양면적인지는 잘 알려진 사실이다. 많은 수의 임산부들은 어떤 특정 기간에는 자신들이 지닌 감정 상태가 혼합된 양상으로 나타나는 것을 경험한다.

부모와 아이가 함께한 첫번째 면담에서, 나는 종종 '부모의 계획에 맞추어 태어난 아이'는 새롭게 맺은 가족 배경에서 모든 어려움을 물리칠 수 있는 힘을 지닌 부정할 수 없는 '양질의 상품'으로 등록된다는 본질적인 정보를 얻는다.

이와 관련된 사례로, 예전 한 젊은 엄마가 8개월된 아들이 잠을 안 자고, 요구 사항 또한 지나쳐 고통스럽다고 내게 상담을 의뢰한 적이 있었다. 첫날 면담에서 이 젊은 엄마는 자신의 고충을 이같이 토로했다. "우리 부부는 충분히 생각한 연후에 아이를 갖기로 결정했고, 우리의 결정이 확고하고 물질 구조가 보장된 후라면 아이가 태어나는 것은 아주 단순한 일일 거라고 생각했어요. 그러나 놀랍게도 아이를 계획한 행위는 아무것도 해결해 주지 못한다는 것을 알았어요. 결국 임신 여부가 이 모든 결정 이외에 이루어진다면, 아이를 맞이하는 것에 대해서는 더 이상 아무런 준비를 할 수가 없었지요. 현실은 우리가 품고 있던 관념과는 아무런 관계가 없다는 것을 알았어요. 우리는 당황했고, 아이의 존재가 우리 부부의 인생 조직에 예기치 않은 변화를 끌어들였다는 사실에 대해서도 대처할 아무런 방안이 없었어요……."

그렇다면 부모의 계획에 맞추어 태어난 아이는 더 많은 것을 요구할 수 있는가? 이 부모의 경우, 분명히 아이를 맞이하기 위한 모든 것이 준비되었지만 본질이 결여되었다는 것을 알 수 있다. 다시 말하면 아이의 욕구에 내포된 예측할 수 없는 부분을 포함하여, 아이의 욕구에 맞추는 데 필요한 능력이 결여된 것이다.

만일 이 부부가 '상상 속의 아이'와 '실제 아이' 간에 존재하는 거리를 강조한다면, 이 젊은 엄마의 제안은 더욱 극단에 치우치게 될 것이다. 아이를 위해 '모든 것이 예정된' 상태로 만들기 위해 어머니가 아이 자체의 삶에 대해서도 통제를 가할 수 있다는 환영을 지속적으로 지니고 있을 때, 이들 부부는 아이의 출생에 대한 관리를 할 수 있다는 속임수를 표현하는 것이다. 이때부터 사전에 조건지어진 이 아이가, 부모 자신도 탐색할 기회를 가지지 않았던 상상의 세계를 어떻게 스스로 꿈꾸고 탐험할 수 있겠는가?

최근 몇 년까지만 해도 부모들은 물질적 · 정서적으로 충족된 상태에서만 아이를 가질 계획을 세웠지만, 오늘날 상황은 완전히 뒤바뀌었다. 될 수 있는 대로 아이를 잘 이해하고 아이에게 맞추기 위해 예전의 부모들이 어머니의 정성을 사용했다는 것은, 역설적으로 아이에게서 부모들은 자신들을 둘러싸고 있는 세계에 적응하는 이같은 능력을 오늘날 바라고 있다는 것을 나타낸다.

어린이인가, 혹은 어른인가?

유아의 능력에 대한 인식이 발달되면서부터 아이도 존중할 가치를 지닌 한 주체가 될 권리가 있으며, 교감을 갈망하고, 우리가 하는 말의 의미를 소화할 수 있다는 것에 더 이상 이의를 제기하지 않게 되었다. 그러나 불행히도 아이는 다시 모든 것에 대한 이해를 독촉받는 상태로 되돌아왔다. 아이는 거의 어른들의 모든 지적 속성을 부여받은 한 사람의 어른으로 간주되고 있다! 그러나 '사람'에게서 약간 조급히 어른의 위치로 몰아내고 있는 것은 아닐까? 아이들이 자신들의 능력을 나타내는데, 왜 아이들을 개발시키는 것을 지체해야 하는가? 아이들을 부추길수록 아이들은 더 빨리 발전하고, 이와 동시에 부모의 구속에서 벗어나 자율적인 삶에 이른다라는 생각이 지배적인 것 같다.

예전에는 부모들이 통고하는 방식인 데 반해, 최근에는 마치 아이가 태어나자마자 단번에 쓸 수 있다고 간주하는 것처럼 실제적으로 아이 자신이 학교 노트장에 자신의 출생을 알리는, 새롭게 바뀐 통지서의 방식은 의미심장하다! 이같은 발상은 미소를 자아내게 하지만, 그른 것만은 아니라는 생각이 든다……. 이 새로운 과정은 아이들이 태어나자마자 더욱더 수익성에 기초한 상품 체계로 들어가게 하는 어른의 욕망의 무의식적 표현의 일부를 이루고 있는 것이다. 이러한 경향에서 오늘날의 아이들은 더 이상 아이의 옷을 입지 않고 어른의 옷을 입는다. 불쑥 아이들을 기다리고 있는 이 세계에 아이들을 빠뜨리기 위해서는 검은색과 블루진 색상은 배내옷 색상보다 더욱 상서로운 색상으로 여겨진다!

선험적으로 무지한 이같은 실행은 어떤 귀결로 나타날 가능성이 있다는 것을 헤아리지 않는다. 이 관행은 청소년기를 좀더 오래 지속시키기 위해 유아기를 짧아지게 하는 결과를 초래해, 장차 아이는 어른의 지지를 받고 너무 일찍 박탈당했거나 타락 상태에 접어드는 것을 더 이상 포기하지 않게 되는 것이다. 실제로 다 고갈되지 않은 것을 어떻게 단념하겠는가……. 그리고 어떻게 아이가 행해지지 않은 권위를 존중해야 하는가를 배우고, 어떻게 아이를 권위와 같은 견지에 놓을 수 있겠는가.

> 다미앵은 선생님이 내준 숙제를 거부해 노심초사하는 담임의 요청으로 상담을 받으러 왔다. 다미앵은 자신에게 맞는 숙제만 실행할 것을 받아들였다. 선생님에 대한 도전의 경계에서 자신의 결심을 고수했고, 어떤 설득으로도 그의 생각을 바꿀 수 없었다.

뒤늦게 출산한 외아들이라 부모의 주관심사였던 다미앵은, 대대적인 투자를 받으며 부모와 같은 자격으로 성인의 위치에 놓여졌다. 일례로 전화응답기에 다미앵은 가족의 부재를 알리는 역할을 했고, 가족의 이름을 말할 때도 부모보다 먼저 자신을 첫번째 위치에 두는 등 각자 위치에 대해서 혼동을 일으켰다. 그의 머릿속에 그 누구의 명령도 따르지 않겠다는 의식이 자리잡은 것은 어찌 보면 당연한 일로 여겨졌다.

다미앵의 경우는 한 가지 일화로서 대수롭지 않게 넘길 수도 있는 사례이지만, 위반의 즐거움을 유일하게 보장해 주고, 동시에 유년 시절의 환상의 일부를 이루는 권위의 의미를 다미앵이 다시 찾고 반대 방향으로 길을 접어들려면 오랜 시간이 걸린다.

지나치게 많은 말을 하는 것

예전의 아이들이 단순한 소화 기관처럼 온갖 말에 무감각한 것으로 여겨졌다면, 오늘날의 아이들은 너무 이른 시기부터 모든 것을 알아듣고 모든 것을 이해할 수 있는 소어른의 위치로 내몰리고 있다. 즉 부모들이 무의식적으로 투사하는 현실과 걱정거리에 직접적인 관련 상태에 놓인다는 사실이다. 그러나 아이들에게 배당된 이러한 위치가 정서적이고 상상으로 가득 찬 삶을 지닐 권리를 엄폐한다는 것에 무지한 어른들은, 더욱 자녀들에게 인생 전체 안에서 진실을 간직할 수 없는 합리적인 방식을 요구한다. '모든 것을 드러내기 위해 전달하는 것'은, 바로 오늘날 암암리에 시행되고 있는 교육적인 명령과 그 성격을 같이하는 것이라 할 수 있다.

S부인은 불면증으로 고통을 겪고 있는 18개월된 딸 디안의 문제로 상담을 하러 왔다. 겨우 잠을 재우는 데 성공한다 해도, 디안은 밤

에 잠을 깨면 잠시도 엄마 곁에서 떨어지지 않으려 했다.

S부인과 첫번째 상담을 하면서 그녀가 어린 딸에게 부여한 위치를 보고서 적잖이 놀랐는데, S부인은 나와 상담을 하는 도중에도 여러 차례 대화 중지를 요청하고는 딸아이에게 증인을 서게 하거나 아이에게 직접 관련이 없는 사실을 설명하곤 했다. 우리가 대화를 나눌 때 놀고 있던 아이는 그때마다 놀이를 중단하여야 했다.

S부인은 '딸과 대화를 나누거나' '아이의 지능을 계발하기' 위해 '자극을 주는 데' 있어 여러 전문가의 조언이 나열된 유아 교육 입문서를 절대적으로 신뢰하는 주위에서 흔히 볼 수 있는 어머니의 전형이었다. 그녀는 책에서 익힌 대로 그럭저럭 그 수많은 정보를 자기 것으로 소화하려 노력하다가 결국에는 싫증나 단념해 버린 어린 딸에게, 주입시킬 수 있을 만큼 성실히 아이의 교육에 전념했다. S부인은 딸아이의 끝없는 요구 사항에 대해, '자기 생각을 표현할 권리'를 갖지 못했던 자신의 유년기를 보상받고자 하는 요구로 언급했다. 디안의 언어 수행은 또래 아이들에 비해 뛰어났음에도 불구하고 엄마는 그것에 대해 전혀 자랑스러워하지 않았다. 그러나 그녀는 자신의 양면성을 언급하면서 아이가 태어나면서부터 남편과 자신의 모든 사생활을 포기할 정도로 아이의 교육 문제가 두 사람의 중심이 된 상황 안에서 자신에게 심리적 만족감을 주는 딸로 인해 가슴이 북받쳐 오를 만큼 감동적인 상태에 있음을 고백했다.

아이의 발전에 우선권을 부여한 어머니를 어떻게 비난하겠는가? 그러나 S부인의 경우는 딸에게 최소한의 간섭도 하지 않는 태도로 보아, 악의 없이 '관심'과 '간섭'을 혼동하는 상태에 빠져 있는 것으로 보였

다. 실제로 그녀는 아이에게 만족을 줄 수 있는 한 밤낮으로, 어머니는
반드시 필요한 존재라는 생각을 굳건히 심어 주어 일종의 긴밀한 유
대 관계를 형성하면서 아이에게 젖을 주듯 많은 말로 양육하였던 것
이다. 무의식중에 향수를 느끼는 탯줄 관계와 동일한 어머니의 정이
넘쳐흐르는 대화는 이같이 혼합된 관계를 야기하게 된다. 그것은 동시
에 어린 딸의 자율성을 저하시키는 요인이 되기도 한다. 그밖에 낮시
간 동안 끝없이 주입시킨 지나친 정보로 조숙한 상태에 이른 어린 딸
아이는 흥분 상태가 지속되어, 잠들지 못하는 아이를 돌보는 어머니
와 함께 밤을 보내는 것밖에는 달리 대처할 수 있는 방법이 없었다.

S부인과 면담을 하는 동안 점차적으로 어머니와 딸이 맺고 있는 긴
밀한 유대 관계로부터 아이가 어떤 이익을 끌어내려고 한다면, 그러
한 상황은 아이의 심리적·정서적 발전이 멈출 위험한 상황으로 진전
된다는 사실을 민감히 느끼게 하는 데 목적을 두었다. 실제로 엄마의
신념과는 반대로 디안은 엄마 없이 혼자서 해낼 능력을 지니고 있었
고, 몇 차례 엄마 없이 디안과만 면담할 때 나의 이런 생각을 더욱 확
고히 해주었다. 엄마의 기대를 만족시켜야 한다는 의무감에서 벗어나
게 되면서 디안은 자연히 침착해졌고, 행동 성과에 대한 아무런 부담
감을 느끼지 않게 되자 그 나이 또래가 하는 놀이에 즐거움을 느꼈다.
아이에게 능력 이상의 것을 요구하는 S부인의 성향은, 소통의 결핍이
있었던 유년 시절을 보상받기 위해 무의식중에 딸과 자신을 동일시했
던 것이다.

자신의 생각을 손쉽게 표현할 수 있고, 어른이 말한 것을 완전히 이
해할 수 있는 조숙한 아이를 종종 더 앞으로 나아가게 하고 싶은 욕망
이 일어나는 건 사실이다. 그러나 한편으로 아이를 너무 다그치는 경

향을 지니기보다는 보는 것을 즐거워하는 매우 쾌활한 그저 한 아이로 있는 시기를 갖도록 내버려두는 것도 유용한 일일 것이다.

어린이 치료사

조나단은 여러 가지 정신장애를 일으켜서 부모가 데려온 2세의 남자아이이다. 조나단은 잠을 잘 이루지 못하고 자다가도 자주 깼으며, 또한 집을 떠나는 것에 단호한 거부감을 드러내는 등 다양한 공포 증세를 지니고 있었다. 더욱이 조나단은 이미 몸무게가 2킬로그램이나 빠질 정도로 모든 음식에 혐오감을 나타내었고, 끊임없이 바닥에다가 자기 머리를 부딪쳤다. 이같이 다양한 증상을 보인다는 사실은, 조나단의 상태가 걱정스러운 지경에 이르렀음을 나타내는 것이라 하겠다.

어머니와 이야기를 해나가다가 조나단의 생모가 오래도록 병을 앓다가 죽었다는 사실을 알았다. 당시 조나단은 생후 몇 개월에 지나지 않았으나, 그때부터 이 아이의 정신장애가 모든 영역에서 서서히 시작되었을 거라는 추측을 했다. 조나단은 새엄마와 아주 긴밀한 유대 관계를 맺고 있었고, 어머니는 심지어 크나큰 의지처였던 친정어머니의 죽음으로 인한 절망적인 감정 상태를 공유할 정도로 조나단을 절친한 친구로 여겼다는 것을 고백했다. 조나단은 어머니가 울 때 함께 울었고, 어머니는 그에게 설명할 필요를 느끼지 않았다. 이런 상황에서 자신의 상태가 나아졌을 때조차도 자신과 관련된 모든 것에 아이를 끌어들이는 방식으로, 끊임없이 말의 홍수 속에 끌어들여 늘 함께 있으려는 어머니 때문에 아이는 잠시도 휴식을 취하지 못했을 것이다. 조나단은 이렇게 아주 간단히 새엄마의 '치료사'가 되었고, 자신의 활력을 희생시켜 어머니가 살아갈 수 있게 도움을 주었다. 조나단의 거식증은 자신에게 지겹도록 주입되는 어머니의 말에 대한 거부감을 상징적인 방식으로 표현하기 위해 발견한 유일한 해결책으로 설명될 수 있다.

모자에게 행한 심리치료 덕택에, 어머니는 아들에게 부담감을 지운 자신의 이기적 역할을 조금씩 인식하기 시작했다. 그녀는 친정어머니를 잃은 힘든 상황을 이겨내기 위해 매우 빨리 개인적인 분석 작업에 동참하는 것을 받아들였고, 조나단은 여태껏 자신의 발달을 희생시키며 지고 있었던 짐에서 점차적으로 벗어나게 되었다. 조나단의 아버지는 명백히 자신의 역할이 모자를 상징적으로 분리시키는 것임을 인식하면서, 그동안 빼앗겼던 자신의 위치를 되찾았다. 조나단은 이전의 증상들이 차츰 사라지면서 낙천적이고 활발한 어린아이의 모습으로 돌아갈 수 있었다. 조나단의 어머니는 아들을 어린아이가 아닌 완전한 성인으로 인식했던 것이다. 결국 어머니는 아들과의 관계에 어떤 한계도 두지 않았고, 이것은 조나단이 그 증상을 이용하여 신중치 못한 어머니의 말의 홍수로부터 자신을 방어하려는 수단을 강구한 시도로 나타났다고 설명할 수 있다. 왜냐하면 그녀는 어린 아들이 그것을 받아들일 능력이 있는가에 대해서는 전혀 고려함이 없이, 거기서 벗어나고자 하는 그 자신의 이익을 위해 틀림없이 자기 고민을 상기시켰기 때문이다. 이를테면 조나단은 그 부모의 번민의 배출구가 된 셈이다. 조나단의 어머니는 자신의 고민을 지나치게 밖으로 표출시켰고, 마찬가지로 아버지는 지나치게 자신 속에 침잠시키고 있었다. 침묵으로 인한 폭력과 과다한 말로 인한 피해는 적어도 동등한 양상으로 묶여질 수 있다. 결국 말을 하지 않는 것과 지나치게 말을 많이 하는 것은, 어린아이에게 있어서 모두 유해한 일이 되는 것이다.

조나단의 새엄마는 친정어머니의 죽음으로 인한 슬픔을 감추려 들지는 않았지만, 종종 조나단을 나이 어린 꼬마로 느낀 것처럼 이 상황의 책임자는 아니라는 사실을 말하는 것 또한 삼갔을 것이다. 그녀 자신이 이러한 고통에서 온전히 빠져나올 방법을 알고 있었기에, 조나단의 역할은 어머니를 도와 주는 데 있지 않다. 여기서 짚고 넘어가야 할 점은, 힘겨운 순간을 극복하기 위해 일정 시기 그를 필요로 했음에도 불구하고 그 누구보다도 어머니는 조나단을 사랑하고 있었다는 사실이다.

여기서는 진실된 말, 즉 그 연령에 맞는 심리적 · 정서적 능력에 따라 본질적으로 아이의 위치와 관련하여 여러 가지를 고려한 말이 필요한 경우이다. 조나단은 그들의 삶을 좌우하는 어른들에 대하여 아이들이 빈번히 맡고 있는 조숙한 버팀대 역할에서 벗어나게 되었다. 이같은 치료자 역할을 해내고 있는 것은, 부모 중의 하나가 낙담에 빠진다면 아이들 자신마저도 파멸 상태로 몰고 간다는 것을 직감적으로 느끼기 때문이다. 부모가 지나치리만큼 나약하게 기대는 것은 아이들에게 치명적인 위험이 될 수 있다. 이런 상황에서 아이들이 할 수 있는 유일한 선택은 부모의 근심을 막는 것이다. 그러나 역설적으로 이 생존 본능을 지키기 위해 아이들은 실제로 위험 상태에 직면하게 되는 것이다. 결국 조나단이 병에 걸렸다는 사실은 그 자신이 감당할 수 있는 한계가 지나쳤음을 의미하고, 그의 증상은 외부의 도움에 호소하는 가치를 지니고 있는 것이다.

아이에게 부적절한 말

다음에 열거할 안 소피의 사례는 반응성의 불안장애를 보여주는 경우라 하겠다…….

최근 장 조직에는 아무런 이상이 발견되지 않는데도 복통 증세를 호소하는 7세의 여자아이를 치료했던 소아과 의사의 소개로 안 소피의 심리치료를 맡은 적이 있었다. 날이 갈수록 복통 발작의 빈도수가 높아지면서 아이는 일상 생활을 유지하기가 어려울 정도로 쇠약해졌고, 동시에 학교로부터 여러 차례 아이를 집으로 데려가라는 연락을 받은 그 어머니의 생활에도 지장이 생기기 시작했다.

안 소피의 유아 시기에 관련된 관례적인 질문에서는 특이 사항을 발견할 수 없었기에, 혹시 현재 임신중이거나 최근에 유산한 사실이 있는지를 어머니에게 물었다. L부인은 지금 피임을 하고 있다는 사실을 알려 주면서 앞서와 같은 사실은 없다는 답변을 해주었다. 그때 이와 관련하여 어머니는 여러 가지 의미를 드러내는, 아이와 있었던 한 장면을 떠올렸다. 안 소피는 며칠간 계속해서 저녁마다 피임약을 먹고 있는 엄마를 지켜보다가, 호기심과 '혹시 엄마가 아픈 것은 아닐까'라는 갑작스런 불안감에 사로잡혀 매일 저녁 약을 복용하는 이유를 물었다.

딸아이의 말을 아주 주의 깊게 듣고서 '모든 진실'을 말해 줄 것인지 고심하다가 어머니는 '임신을 하지 않기 위해' 먹는 피임약이라는 설명을 해주었고, 이어 다양한 피임 방법과 효과를 자세히 이야기해 주었다.

어머니와 면담을 하다가 이러한 장면을 떠올리면서 7세의 아이에게 '너무 이른' 설명이 아닐까라는 생각이 들었다.

아이가 그린 그림에서도 7세의 어린이가 받아들이기에는 걸러지지 않은, 여러 가지 노골화된 정보로 인해 몹시 불안해하는 환상들로 가득 차 있음이 드러났다. 아이는 그러한 정보들을 소화할 능력을 지니지 못했고, 결국에는 정신적 불안감이 신체 질환을 야기하게 된 것이다. 분명 아이는 자신이 피임에서 구제되었을 거라고 생각했을 것이다. 어머니는 아이가 품고 있던 엄마에 대한 존경심을 저버리지 않게 하고도, 혹은 시시콜콜 설명하지 않고도 자신이 건강하다는 것을 입증하여 안심시킬 수 있었을 것이다. 또한 여자는 약의 도움을 받아 가장 좋은 시기에 아이를 갖는 것을 선택할 수 있노라고 설명하고, 이러한 기능을 이해할 수 있을 만큼 성장한 연후에 더 많은 것들을 일러 주었더라면 좋았을 것이다.

이같이 난처한 상황에 직면하였더라도 자연스럽게 곤경에서 빠져나올 수 있는 것이다. 안 소피를 상담하면서, 나는 에이즈와 그 감염 경로를 궁금해하는 8세된 딸의 질문에 현명하게 대처한 한 아버지의 경우가 떠올랐다. 사춘기에 이르기 전 성욕이 정지 상태에 있는 '잠재기'를 보호하려 고심하면서 딸아이의 질문을 회피한 아버지는, 매우 알찬 한 신문 기사를 딸에게 맡기기로 하고는 몸짓을 섞어 이같이 말했다: "이 기사를 잘 간직했다가, 언젠가 네가 필요하다고 느낄 때 그때 읽고 함께 얘기하자꾸나."

아버지가 보여준 신뢰로 마음이 놓인 어린 딸은 잠시 에이즈에 관한 호기심을 단념하고, 그 신문 기사를 접어 서랍에 넣었다. 아이는 자기가 한 질문에 대한 답을 들었고, 아버지가 열린 마음으로 자신과 소통하고 있다는 사실을 알았다. 여기서 아버지는 당장 설명해 주어야 하는 긴급한 사안이 아닌 문제는 안심시켜 주는 것만으로도 충분하다고 판단한 것이다.

욕구를 발산하는 아이

최근 들어 잠재적 위험을 막고자 하는 부모의 바람은, 진실을 말하는 것이 거의 강박 관념으로 대두되는 만큼 때로는 너무 이른 것으로 드러난다. 그러나 자신들의 책임을 회피하지 않고 진실에 우선을 둔다는 당연한 바람 안에서, 부모들은 종종 아이들이 기대하는 것 이상으로 나아간다. '말한다는 것'은 반드시 '모든 것을 말하는 것'을 의미하지 않으며, 이같은 미묘한 차이가 말하다라는 단어의 본질을 지니는 것이다. 더욱이 무엇보다 많이 고려할 점은, 말하는 자체가 아니라 말하는 방식에 관련되는 것이다.

> 3세의 남자아이인 아르튀르의 경우는, 공포심에 가득 찬 행동이 걱정스런 상태였다. 아르튀르는 아버지 자신이 불임이라고 믿는 상태에서 인공 수정으로 태어났다. 그러나 아버지의 이같은 추정은 2년 후 예기치 않게 남자아이가 태어남으로써 사실이 아닌 것으로 밝혀졌다. 면담중에 나는 어머니가 최근 아르튀르에게 출생의 비밀을

알려 준 것을 알았고, 그 방식이 걸러지지 않은 채 적나라하게 전달
된 것은 아닌가라는 생각이 들었다. 아이의 어머니는 거침없이 "아
버지는 정자를 갖고 있지 않았기에 수태를 위해 부득이 다른 사람의
씨를 얻으러 다니지 않을 수 없었다"는 진실을 말해 주었다. 이후로
아르튀르는 다른 아이들과 어울리지 못하고 자기 안에 파묻혀 지냈
으며, 말을 할 때에도 거의 속삭이듯 조그맣게 하여 알아들을 수조
차 없었다. 방과 후에도 다른 곳에 가는 것을 거부하고 땅바닥에 구
르다시피 하면서 놀거나, 아니면 혼자 떨어져 놀았다. 아르튀르는 줄
곧 혼잣말을 하면서 자신 안에 갇혀 다른 사람이 말을 걸 때에도 더
이상 아무런 반응을 보이지 않았다. 아이는 외부 세계에 전혀 관심이
없는 것 같았으며, 또한 나는 그가 심히 위험한 상태에 직면한 것을
알았다.

　　어머니가 동석한 상태에서 행한 두세 차례의 상담치료가 아무런 진
척이 없자, 다음 상담에는 아버지로 하여금 동석해 줄 것을 부탁했다.
부자가 병원에 왔을 때, 이들의 서먹한 관계와 닮은 모습에 적잖이 놀
랐다. 그러나 어쨌든 아르튀르의 아버지가 진짜 아버지임을 증명할 방
법이 아무것도 없지 않은가! 나는 아르튀르 같은 아이를 갖고 싶어한
아버지의 욕망이 분명 우세했을 거라는 정서적인 평가를 제시하면서
재빨리 출생에 대한 질문을 제기했다: "아빠는 엄마와 함께 아기를 갖
기 위해 도움이 필요했어. 왜냐하면 아빠는 자신이 상상하는 남자아
이를 가질 수 있으리라는 확신을 하지 못했거든. 그렇지만 아빠의 욕
망은, 그토록 바랐던 남자아이와 네 모습이 아주 똑같을 정도로 강했
어. 게다가 네가 아빠를 닮았다는 것은 분명한 사실이야."

이야기 도중 아이는 혼자서 하던 놀이를 멈추고 아빠의 무릎에 감겨서는 모든 것을 내맡긴 채 이내 잠이 들었고, 부자는 흡사 육체가 융합된 듯한 형용이었다. 왜 어머니/아이 간의 관계에 대한 특수한 용어를 아버지/아이의 관계로 확장시키지 않았느냐는 질문에, 아버지는 "이런 일은 전에 한번도 하지 않았던 거예요. 아르튀르는 항상 안아 주는 걸 싫어했어요. 어릴 때조차 접촉을 하려 들지 않았거든요"라고 대답했다.

아버지는 아이가 깨지 않게 조심스레 옷을 다시 입혀 보따리처럼 등에 업고 병원 문을 나섰다. 며칠 후, 아르튀르가 전화를 해서는 우렁찬 목소리로 집 안 곳곳에 사과와 자두 씨를 될 수 있는 한 많이 뿌렸다는 것을 알려 주었다!

아이의 마음을 진정시키리라고 여겨지는 걸러지지 않은 과다한 정보는, '말의 효과' 보다는 오히려 종종 아이에게 근심을 유발시키는 포화 상태의 반대 양상을 야기한다. 욕구를 발산하는 아이는 폭력을 저지할 방법을 지니고 있지 않은, 말로 할 수 있는 것처럼 자신을 보호하고자 한다. 언어 통제 방법을 지니지 못한 채 자신의 정신 상태를 신체 증상으로 나타내어 그 불안을 표시하고 근심을 몰아내려고 시도한 것이다.

이처럼 프랑수아즈 돌토가 어린아이의 위치를 회복시키고, 아이의 개성을 당연히 존중받도록 회복시키는 것에 전념한 것은 본래의 의미에서 벗어난 저의가 있는 해석을 목적으로 한다. 그 연구는 빈번히 아이들에 대해 별 차이 없는, 때로는 과장된 태도를 선택하는 어른의 이익을 사용하는 것에 이른다. 오늘날 소위 아이를 존중한다는 것은 예전보다 아이를 더 많은 위험 상태에 빠뜨릴 위험이 크다. 왜냐하면 예전에는 아이가 나약한 존재로서 보호를 받았지만, 현재는 아이에게 관련된 모든 것을 아이 스스로가 모두 이해할 것이라는 미명 아래 가차 없이 강요되는 현실과 맞닥뜨려야 하는 상황에 처해지기 때문이다. 더구나 이러한 신념을 더욱 확고히 하고, 교육적인 훈련을 실시하고자 고심하는 부모들은 그 효과를 헤아려 볼 생각도 않고 아이들에게 변화된 삶을 강요하기 위해 이같은 구실을 사용하는 데까지 이른다.

이혼에 대하여

　　모든 것을 단순하게 생각하는 경향을 지닌 오늘날의 부부들은, 나이가 아주 어린 유아를 포함하여 자녀들에게 새로운 상황을 설명해 주는 것만으로 충분하다는 사고 방식에 확신을 가지면서 별다른 주저 없이 헤어진다. 확실히 아이들에게 알려 주어야 한다는 고민에는 어떤 진전이 이루어졌다. 그러나 모든 것을 말하고자 하는 노력과 진실을 말하고자 노력하는 부모가 부담을 덜었다고 느끼면, 성인들에 비해 자신의 감정을 관리하는 것에 더 많은 어려움을 느끼는 아이들에 관해서는 반드시 같지 않다. 물론 아이에게 진실을 설명해 주어야 할 필요성을 전적으로 부정하자는 것은 아니다. 그렇기는 하지만 아이의 감성에 상처를 입히지 않고도 불가피하게 다가오는 낯선 환경에 적응하기 위해서는 많은 노력을 기울여야 거기에 적합한 방식을 찾을 수 있다는 사실을 아이에게 이해시키는 것을 고려하는 일이 우선되어야 한다.
　　어떤 이들의 경우, 어렸을 때 부모들이 자녀들의 생각을 고려하지 않고 독단적으로 이혼 결정을 내린 것을 받아들일 수밖에 없었던 사실에 대해 성인이 되어서도 여전히 아픈 기억으로 힘들어한다는 것은 새삼스러운 일이 아니다. 이런 사람들 중 하나는 어느 날 자신의 쓰린 상처를 말하면서, 너무 이른 시기에 "오늘날의 가정은 해지면 간단하게 버리고 다시 새것으로 교체하는 양말 한 켤레 그 이상도 아니다"라는 인상을 지니게 되었다고 고백한다. 이것은 부모의 이혼 후 새롭게 형성된 가정에 적응하는 6세의 한 어린아이가 "여러 번 이혼할 수 있지 않을까"라는 근심을 드러내는 불안과 동일한 감정이다. 어린아이에게 있어 '모든 진실'을 이해한다는 사실은 그 진실에 동화된다는 것을 의미하는 게 아니고, 동시에 그 결과와 거기에서 유발된 고통을 감내할 준비가 되어 있다는 것을 의미하는 것도 아니기 때문이다. 오늘날 아이들이 어른들의 말을 파악할 수 있다고 인정된 이같은 재능은, 유감스럽게도 어른들이 모든 문제점들을 회피하는 결과가 된 것 같다. 이후로 아이들은 의혹의 특권을 누릴 수 없게 되었다. 아이들은 본능적으로 '모든 것을 다 설명해 줌으로써' 죄의식에서 해방된 동시에 책임감에서 벗어난 부모들의 욕망에 순응하도록 강요받고 있다.

아이의 말을 진실되게 경청하는 것

자녀와 대화를 나누고자 하는 부모의 갈망 안에는 보통 단순하고 간결한 대답만으로 충분하다고 여기는 반면, 역설적으로 부모들은 아이의 성숙도는 전혀 고려하지 않은 채 자녀에게 복잡하고 긴 설명을 강요한다. 대다수의 많은 부모들에게는 자녀의 질문에 가장 적합한 답변을 곧바로 해주기 위해 자녀들의 말을 '진실하게' 경청하는 태도가 결여되어 있다. 그러나 너무 빠르게 답변해 주는 것은 어른들에게 있어서 아주 빈번히 무의식적으로 자신의 지식을 입증하는 것뿐만 아니라, 아이에 대한 자신의 권한을 증명하는 것이라 할 수 있다. 어떤 면에서 보면 이것은 동시에 아이에게 시간만 준다면 모든 아이가 성공적으로 이끌 수 있는 여러 가지 가정과 유리한 훈련을 형성하는 능력을 억제하는 일일 수도 있다. 왜냐하면 아이는 문제를 제기할 때 즉각적이고 완벽한 답변을 기대하는 것이 아니기 때문이다. 실제로 어떤 아이들은 질문할 때조차도 모든 것을 너무 빨리 알고 싶은 욕구를 느끼지 않는다. 이 경우에 해당되는 예로, 나와 상담을 한 젊은 엄마는 딸이 여러 가지 질문을 할 때 곧바로 '아이에게 설명을 해주어야 한다는' 생각을 지니고 있었다. 그러나 딸아이는 거기에 대해 단호하게 저항했다: "난 그것을 알고 싶지 않아요!" 그 말뜻에는 인생의 본질적인 질문과 마찬가지로 별로 중요치 않은 질문에 대한 것도 있다. 왜냐하면 종종 아이들은 가능한 아주 오랫동안 자신들이 품은 공상을 간직하는 것을 좋아하기에 그 공상을 방해하는 진실을 꼭 알아내고 싶어하지 않기 때문이다. 우리 어른들이 해야 할 일은 아이들의 이러한 권리를 인정해 주는 것이다. 동일한 질문을 해댄 후 약간의 휴식을 위해 거의 즉시 정보를 잊어버리는 아이들의 천품은, 아이 자신에게 제기되는 바를 입증하는 것은 아니다. 거기서부터 어른들이 갖고 있는 지식의 잣대로 행해지는 과도한 간섭에서 자신을 보호하기 위해 정당한 반응을 나타내는 것이다.

종종 부모들은 아이의 질문을 능가하고 아이의 요구를 필요 이상으로 앞질러, 실제 아이들에게 나이에 반드시 필요치도 않고 그것에 대한 위험한 결과가 쉽게 초래되는 노력을 요구한다.

다양한 양상으로 신체 조직이나 행동 심리면의 이상과 불균형을 드러내는 어린아이들은 자신들의 방식으로 이러한 불편을 표현한다. 상황을 감수하는 공상을 지켜 나가면서 아이들은 무의식적으로 자신들에게 주어지는 과도한 정보(때로 아이들은 좋은 정보와 해로운 정보를 동일시한다)에 대해서 자신을 지키려고 한다. 차후 균형을 지니기 위해서는 종종 부모가 배제된 내면 세계에 들어가는 것과 무척 위험한 상태에 고립되어 있는 것 이외의 다른 선택이 없는 것이 사실이다.

이러한 증상들은 아이들에게 지나친 압박을 가하는 부모들의 강요하는 태도에서 유발된다. 효능의 신화에 사로잡힌 부모들은 아이들에게 지속적으로 배워야 한다는 생각을 지닐 것을 요구한다. 그러나 부모의 이같은 요구는 아이에게 어린이의 심리적·정서적 발전의 특징인, 꿈을 꾸고 상상할 수 있는 권리를 제한하는 결과를 양산한다.

앙투안은 7세의 남자아이로 학업에서는 또래 아이들보다 앞서 있었지만, 행동심리에서는 이상 징후와 수면장애를 보여 부모가 데려온 아이였다. 거의 연년생처럼 뒤이어 태어난 4남매의 장남인 앙투안은, 자신의 동생들에게 심한 질투를 느끼고 있었다. 앙투안의 부모님은 동생들을 더 예뻐해 동생들에게 절대적인 우선권을 부여했다. 그러나 앙투안은 결코 채워지지 않은 부모님의 관심을 계속 요구했다. 끊임없이 그의 요구가 계속되자 어머니는 자신도 모르게 동생들을 돌볼 수 없을 정도로 어머니를 독차지하려는 앙투안을 미워하고 있었음을 깨달았다고 고백했다. 마찬가지로 매일 저녁 앙투안은 잠을 잘 때 부모 중 한 사람과 같이 있으려 했고, 밤새도록 부모를 괴롭혔다. 모든 면에서 앙투안은 만족할 줄 모르는 아이였고 포학한 성격의 소유자였다.

교육 문제에 깊은 관심을 지닌 어머니는 앙투안이 태어나기 전후로 많은 자료를 수집해 왔다고 나에게 언급했다. 그녀는 계속 모든 무분별한 모호함과 환상을 피하고자 전념하면서 아들에게 행한 자신의 행위와 행동의 동기 여부에 관해서 설명하는 데 주의를 기울였다. 심지어 그녀는 '아들이 한 중요한 말을 부주의로 소홀히 할 수도 있는 것'에 대해 근심했다고 털어놓았다. 그녀가 지속적으로 전념하고 있는 것이 대화를 하는 순간에 명백히 인지되었다. 앙투안이 어머니에게 질문하려고 말을 할 때부터 전적인 헌신 상태에 가깝게 앙투안에게 대답해 줄 수 있도록 어머니는 대화하던 것을 바로 멈추었고, 나에게는 어느 정도 짜증을 유발하는 결과가 되기도 하였다.

매순간 질문을 해대면서 어머니를 대하는 앙투안의 태도는 어머니에 대한 자신의 영향력을 끊임없이 확인하고 있는 것처럼 보였고, 실제로도 아이는 어머니를 '장악하고 있었다.' 어머니는 마음속 깊이 내재되어 있는 공격적 성질을 숨긴 채 아들의 요구를 한번도 거절하지 않았고, 아들에게 말할 때는 어조를 통제하려고 애쓰는 모습이 역력했다.

나는 앙투안이 학급에서는 항상 선두를 차지하고, 다른 아이들과는 전혀 어울려 놀지 않고 떨어져 지낸다는 것을 알았다. 그는 아이들 집단, 자신의 어머니와 동일하게 자신에게 주의를 기울이지 않는 어른들 집단, 그 어느 집단에도 합류하지 못했다. 이 아이는 자신의 과도한 요구를 다 들어 주는 가정 환경 이외의 다른 환경에는 적응하지 못하는 것처럼 보였다. 어떤 면에서 보면 이 아이는 놀이나 대화를 매개체로 자주적으로 교제를 유지할 수 있는 기회를 갖지 못하고 다른 사람들과 소통하는 기호 체계를 습득하지 못한 것일 수도 있다. 앙투안의 부모는 일찍이 앙투안이 자신의 주위 환경에 대해 독창적인 발견을 해나가는 것을 차단시켰다. 대신 아들의 이익을 위해 행동하는 것이라 믿으면서 세상을 '느끼면서' 탐험해 가는 것을 희생시켜 아이에게 합리적인 능력을 계발시키는 것에만 치중하여 추상적인 지식을 심어 주었다. 결국 앙투안은 부모의 요구에만 순응하는 아이로 키워진 것이다.

아이의 자아는 점차적으로 자신에 대한 의무를 지고 있는 어머니의 관심과 어른에 종속된 관계 안에서 자신이 마주친 다양한 느낌을 지닌 경험에 따라 구성된다. 아이는 욕구불만과 피할 수 없는 실망을 치르고 대책을 세워야 하는 외부 세계와 자진해서 맞서야 할 필요성을 느껴야 한다. 최초의 경험을 하는 시기에 아이는 자신의 생각을 표현하는 방법을 발견해야만 하는 공격적인 성향과 불안을 유발하는 수많은 경험과 마주칠 것이다. 만일 이 경우에 해당되지 않는다면 예를 들어 어머니가 이같은 표현을 쓰지 못하도록 제재를 가할 때 무관심한 태도를 취하거나 혹은 지나치게 근심스런 태도를 나타낸다면, 아이는 자신이 위험한 상태에 놓이지 않도록 자신을 보호하는 방법을 찾을 수밖에 없게 된다.

자아가 아직 완전히 자율적으로 형성되지 않은 상태에서 개체화되는 과정으로 나아가는 것을 차단당한 앙투안은 불안을 느낄 수 있는 외부 현실에 맞설 기회를 갖지 못한 채 여전히 부모에게 특히 어머니에게 매여 있는 상태에 머물렀다. 아이가 하는 말을 매우 주의 깊게 들어 주는 앙투안의 어머니는 항상 아이의 욕구를 미리 알아채 아이가 이로 인해 욕구불만과 공격적인 성향을 느끼지 않게 해주었다. 결국 앙투안은 외부 세계의 다양한 요구에 대응할 수 있는 능력을 지니지 못하게 된 것이다. 그의 유일한 의지는 자신을 실망시킬 위험이 없는 가족 관계 안에서 어머니 옆에 머물러 있는 것이다. 앙투안뿐만 아니라 앙투안 가족은(아이의 자연적인 공격적 성향은 자신을 보호하기 위한 것과 자신에 대하여 느낄 수 있는 공격적인 성향을 인식해야 할 필요가 있기 때문이다) 모든 공격적인 감정에 대한 표현을 피하면서, 앙투안의 엄마는 자신들의 관계를 모든 불유쾌한 고난에서 벗어나게 기여했다. 이러한 상황은 어떤 즐거움도 앙투안의 기대치를 만족시켜 주지 못하게 되면서 시간이 흐를수록 요구 사항이 증대되는 결과를 낳았고, 조금도 지체되는 것을 허용하지 않았다.

심리적·정서적으로 조화로운 발전을 형성하는 정신적 균형은 아이에게 한계를 지정해 주는 역할을 하는 가족과의 공유 경험에서 아이가 발견할 수 있는 감정의 교환과 '재보장'으로 얻은 산물이다. 이 교환은 세상에 마음을 열고 맞서 나가는 데 필요한 풍부함과 구조화의 원천이 된다. 본질적으로 애정이 스며 있는 진실된 대화가 형성된 상태에서만 아이와 부모 간의 참된 소통이 이루어질 수 있는 것이다. 지능과 정서는 동시에 발전되기에, 능력 있는 아이로 키우고자 부모들이 종종 저지르는 것으로 이 둘 중 하나를 희생시켜 다른 하나에 우선권을 부여하는 것은 아이에게 해로운 일이 되는 것이다.

선생님인 부모와 박식한 아이

이같은 사실에서 부모 역할의 본질은 아이의 질문을 귀찮아하는 부모-자식 간의 교환을 북돋우는 게 아니라 아이의 나이에 적합한 답변을 찾으려고 암중모색토록 하는 게 아닐까? 과연 아이의 호기심을 감퇴시킬 위험을 지니고 있는 상태에서 아이의 발전 단계를 예견하는 게 바람직한 것일까? 아이의 질문에 전부 '과학적으로' 답변해 줄 수 없다고 해서 거짓말을 할 수는 없는 일이다. 우리가 소홀히 하고 있는 수많은 발전 영역이 존재하고 있음에도 불구하고 시 한 편을 읽어 주는 일은 한쪽 영역의 사고만을 사용하는 합리적인 말을 하는 것보다 가치 없는 일일까?

종종 길고 복잡한 설명을 요하면서 때로는 아이의 나이를 전혀 고려하지 않은 부적합한, 소위 과학적인 진실의 토대를 되도록 빨리 전달할 필요는 없다. 그 여파로 자신을 에우고 있는 세계를 자기 나름대로 해석하려는 시도에 의욕이 꺾이고 싫증이 나는 상태에 접어들 위험이 있기 때문이다. 본질은 아이가 질문한 사항과 그 질문이 아이에게 부여한 감정을 아이가 표현할 수 있도록 도움을 아끼지 않으면서 아이가 관찰한 느낌을 인정하고 격려하는 게 아닐까?

아이와 소통한다는 것은 아이와 부모가 관계를 맺고 아이에게 스스로 발견할 여지를 부여하는 가능한 가장 넓은 범주의 감각과 느낌을 아이와 함께 탐색해 나가는 것으로 이루어진다. 아이의 관찰과 질문은 아이에게 독창적인 탐색을 하도록 유도하고 아이가 발전하는 데 가장 적합한 것 같다. 아이의 질문에 대한 성급한 설명과 답변은 탐색코자 하는 아이의 자연스러운 성향을 너무 빨리 충족시키는 단점을 지니고 있다. 그것은 아이를 수동적이고 순종적인 아이로 만들어 버린다.

무엇보다도 어른들은 아이들을 신뢰하지 않는 것은 아닐까? 걷는 것과 놀이나 말하는 것을 배우기 위해 학문적인 기초가 필요한 것일까? 아이들은 위와 같은 것을 하기 위한 방법을 스스로 터득하고, 보편적으로 사회 집단 안에 들어가고자 하는 단순한 논리로 자신들의 노력을 기울인다. 추상의 능력과 상징화가 시작되는 언어 습득은 일반적으로 조금씩 두서없는 말들을 수월하게 해독해 나가는(여전히 설명해야 할 상태로 남아 있는) 많은 말들 속에 젖어 있는 덕택에 실행되는 것이다. 그렇다면 일반적으로 현실의 탐색에 대해서는 왜 이와 동일하게 이루어지지 않는가?

결론적으로 어른은 스스로 탐색하고 단념할 수 있는 상태에 있는 위험을 아이가 직접 제한하도록 이끄는 것을 통하여 개인적인 발전을 하도록 독려하는 것으로 그쳐야 한다. '무슨 일이 있어도 주인이라는 것을 주장함이 없이' '돕기' 위해 동행하는 방식은, 아이와 중개자 이외의 그 어떤 것도 아닌 보이지 않는 것 사이에 하나의 중개자일 뿐이다.*

만일 어린이가 어른의 호의와 신뢰를 근거로 삼을 수 있다면 틀림없이 아이는 대담성을 나타내고 자신의 모든 잠재성을 서서히 발견할 것이고, 동시에 이러한 잠재성이 부여한 여유로움을 발견하게 될 것이다. 반대로 호기심과 상상력의 발전을 억제하는 과다한 말들은 아이를 싫증나게 만들어 애매모호한 수많은 정보를 수동적으로만 받아들이게 할 수 있다. 이것은 부모들이 처음으로 제공한 체계에 순응하는 하나의 대상화된 아이로 만드는 것이다.

미래를 위해 무장한 유능한 어른으로 만드는 것에만 전념해 아이에게 오직 학문적인 지식만을 접하게 하는 것은, 아이를 우선 부모의 욕구와 그 다음에는 수익성을 찬미하는 사회의 '예속된 아이'로 만드는 것이다. 이미 어른들은 아이들에게 상상력과 꿈꾸는 것을 제어할 것을

---

* 크리스티앙 보뱅, 《기진맥진한 상태》, Éd. Le temps qu'il fait, 1994, p.24.

강요하면서 막다른 골목으로 내몰고 있다. 왜냐하면 매일 되풀이되는 부모-자식 간의 교환은 '깊은 정'을 공유하기보다는 지식을 가르치는 것에 관련되기 때문이다. 수많은 정보로 주입된 아이-학자를 양산해 내는 부모-교사는 이제 끝내는 것이 바람직한 일일 것이다. 이러한 실행은 실제적인 위험을 내포한다. 점점 더 빨라지는 우리 사회의 절대적인 신조로 통용되는 '성공'이라는 관점 안에서, 어떤 대가를 지불하고서라도 독려하는 것에만 사로잡힌 부모들은 자신들의 관점 상황을 아이에게 강요하고 아이들이 지닌 자발적 미래에 대한 의욕을 꺾는 위험을 저지를 뿐이다.

따라서 언어 선생님인 엄마는 아이가 아주 어렸을 때부터 끊임없이 사물의 이름을 매순간 알려 주면서 많은 자극을 주었는데도 불구하고 자기 아이가 더듬거리며 말하는 것을 보고 놀란다. 이 아이는 18개월에 이를 때 이미 또래에 비해 놀라울 정도로 풍부한 어휘로 동물들의 울음소리를 표현할 줄 안다. 더듬거리며 말하기 시작하는 날까지 어머니에게 있어서는 '이상적인' 아이가 되는 것이다. 이러한 것들을 얻기 위해 부모가 아이에게 끊임없이 주입시키는 수많은 정보들을 중지하려고 시도하지는 않는 것 아닌가?

오늘날 부모들은 자녀에게 교육을 시켜야 한다는 책임감은 갖고 있지만 부모가 자녀에게 부여하는 것으로 가정된 정감이 담긴 교육, 인생을 가르치는 교육은 소홀히 한다. 이른 독서, 음악 작업실 같은 이 모든 것은 유아 시기에 전념해야 할 사항으로, 매우 능력 있는 아이로 만들어 주는 것으로 간주된다. 그러나 역설적으로 아이들의 가능성을 예견하고 아이들을 너무 멀리 밀어낸 덕택에 아이들의 탐구 영역은 제한될 위험에 처하게 된다.

3개월된 아이를 탁아소에 보내면서부터 "아이에게 무엇을 가르칠 거죠?"라고 물어보는 어머니를 만나는 것은 무척 곤혹스러운 일이다. 아이가 유치원에 입학하자마자 부모는 아이의 읽기 습득과 나이에 맞는 습득과 아이가 대학 입학시험에 합격할 수 있을지를 벌써부터 걱정한다! 적어도《3세에 읽을 책》《아기를 깨우치는 책》등의 제목을 지닌 책들이 범람하게 된다. 그러나 모든 것이 학습 재료와 교육 재료로 간주될 때 아이의 자유로운 표현을 위해서 어떤 자리를 남겨 놓고 있는가?

유아 교육의 본질은 아이에게 관찰 습득과 거기서 유래된 생각을 조합하는 습득을 남겨 놓는 것이다. 예로 2년 6개월된 남자아이의 이야기를 해보면 부모와 함께 차를 타고 산책할 때 이 아이는 갑자기 해가 사라지자마자 봄 소나기가 내리는 사실에 대해 질문을 했다. 부모의 답변을 기다리기 전——아마도 부모가 답변을 찾을 시간을 주기 위함일 것이다——아이는 자기 나름대로 환희에 차서 그 현상을 설명했다: "아 알겠다. 비가 햇빛을 꺼지게 한 거야!" 분명 이 아이는 물과 불의 상호적인 힘의 관계를 연관지어 생각했을 것이다. 물과 불의 고유한 특성을 이해한 후에 아이는 직관적으로 그것들을 자연적인 현상에 적용한 것이다. 실제로 물이 불을 끄는 힘을 지니고 있다면 비와 햇빛을 같은 이치로 설명하지 못할 이유는 없지 않은가?

감각을 통제하기 위해 이 두 가지 요소를 결합하려는 시도 안에서 자신의 발견을 그만두게 하는 것이 무슨 이득이 있겠는가? 부모들은 아이가 발견한 시상이 풍부한 내용에 대해 칭찬을 하는 것으로 족한 것이다.

2
'정신병에 걸린' 아이

> "모든 실수에 빗장을 걸게 되면 진실은 외부에
> 있게 될 것이다."
>
> 라빈드라나트 타고르

> "추락은 실패가 아니고, 실패는 추락하는 곳에
> 머무르는 것이다."
>
> 소크라테스

놀이 치료

7세의 여자아이 셀린은 오랫동안 아이를 기다려 온 부모의 늦둥이 외딸로, 실제로 셀린의 탄생은 부모에게 큰 기쁨을 가져다주었다. 지능면에서 또래 아이들보다 특별한 능력을 보여주는 영리하고 조숙한 여자아이인 셀린은 학업 성적에 대해 지나친 걱정으로 인한 심각한 수면 장애를 보였다. 지금까지 줄곧 부모님과 선생님의 기대에 부응했던 셀린이 이처럼 갑작스럽게 평소와는 다른 심각한 수면 장애를 보이는 것에 대하여 부모님과 선생님은 놀라움과 당황스러움을 감추지 못했다.

그러나 이에 대한 별다른 해결책이 없는 가운데 셀린은 걱정스러울 정도의 거식증 국면에 접어들었다. 셀린에게 물질 세계는 더 이상 중요치 않았다. 심각한 과민 근심 증상을 나타내는 셀린은 더 이상 학적부에 규정된 학기 계획에 의거하여 생활해 나가기가 불가능해졌다. 불행히도 주위의 어떤 것도 셀린의 주의를 끌지 못했고, 심지어 친구들과의 교우 관계에도 아무런 관심을 드러내지 않았다. 셀린은 부모와의 관계에 너무 지나치게 밀착되어 있어 그 관계를 완화시켜 줄 어떤 교우 관계도 지니고 있지 않았다. 셀린은 항상 부모와 함께 노는 것에 만족했고, 타인들과의 관계는 부모에 대한 의존 관계로 귀착되었다.

셀린의 부모는 딸의 지능 발달을 위해 최대한의 출자를 하여야 한다는 배려에서 항상 문화 활동에 우선권을 부여했다. 갑작스러운 딸의 증세로 많은 죄책감에 사로잡힌 셀린의 어머니는 항시 우선적으로 '교육적인' 활동을 선택하면서 자유로운 놀이로 구성된 영역에 한번도 큰 중요성을 부여한 적이 없었음을 깨달았다. 상담치료를 하면서 나는 셀린의 세계에 놀이에 대한 유희를 도입하는 것을 다시 시도했다. 이에 셀린은 나 모르게 인형과 우유병을 자기 집에서 가져와서 내 사무실에 있는 장난감통에 넣어두는 자유로운 활동에 차츰차츰 많은 즐거움을 느끼기 시작했다. 딸의 퇴행 행동을 목격한 셀린의 부모는 적잖은 당혹감을 느꼈다. 인형을 매개체로 하여 너무 이른 시기에 상상의 세계를 빼앗긴 셀린은 점차적으로 아주 어린 여자아이의 상상의 세계로 들어가는 중이었다.

상담을 시작하고 얼마 지나지 않아 나는 셀린이 부모에게 자기 방에 들어오지 못하게 하고, 그 방에서 부모의 감시를 피해 자신만의 세계를 구축해 나가는 일에 전념했다는 것을 알았다. 부모를 매우 놀라게 하면서 셀린은 잠시 동안 책은 팽개치고 방 한쪽 구석에 방치되어 쌓여 있는 장난감들을 필요로 했다. 셀린은 몇 주간 계속해서 비정상적인 퇴행 행동을 하는 동안에 성공적으로 자신의 잠재되어 있는 창조성을 탐색하다가 학교 공부와 놀이를 병행해 나가는 더욱 균형잡힌 생활을 되찾으면서 마침내 자신의 적합한 위치를 찾아갔다. 지금껏 상상하지 않았던 새로운 내면 세계의 발견 덕분에 셀린은 마침내 쉬는 시간에 다른 아이들과 놀 수 있게 되었고, 무리 속에 합류하면서 느끼는 즐거움을 맛볼 수 있게 되었다. 그리고 처음으로 친한 여자친구 집에 자러 가는 등 예전에 그녀라면 도저히 용납할 수 없는 행동까지도 받아들이게 되었다. 이후로 셀린이 외부 세계에 대해 신뢰하고 맞설 수 있다고 생각되는 시기에 그녀의 상담치료를 끝마치기로 결정했다.

셀린은 부모의 지나친 영향력에서 벗어나는 동시에 놀이를 통해 얻은 자유의 범위를 측정하면서 자주적인 성향을 지닐 수 있게 되었다. 셀린이 어느 날 중위권의 성적이 기입된 성적표를 들고도 즐겁게 집으로 돌아왔다는 것은 그녀의 정신 건강 상태가 매우 양호함을 의미하는 것이다! 셀린은 상대적인 실패로 인하여 아무것도 자기 가족을 붕괴시키지 않는다는 것을 이해했기 때문이다. 마침내 셀린은 다른 사람들과 마찬가지로 존재에 대한 새로운 느낌을 경험하고, 타인들을 받아들일 수 있는 능력을 경험하게 된 것이다.

아동에 적합한 상상력이 풍부한 놀이에 접근하면서 아이는 자신이 지닌 곤란한 점을 밖으로 표출시킬 수 있는 방법을 발견할 수 있게 된다. 셀린에게 있어서 무엇보다도 필요한 것은 학급에서 1등을 하지 않으면 부모님을 실망시킬 것이라는 두려움에서 비롯된 걱정으로부터 벗어나는 일이었다.

부모의 욕망, 아이의 욕망

아이가 자신의 소유라고 믿는 부모의 욕망을 위하여 아이의 고유한 욕망이 무시되고 묵살되는 상황에서, 부모의 욕망과 아이의 욕망에 대한 무의식적인 혼합이 얼마나 위험한지를 측정하게 된다. 그러나 아이는 부모의 소유가 아니다. 이런 상황에서 아이는 종종 자녀를 '다른 사람'으로 만들려고 하는 부모의 광적인 영향력에서 벗어나기 위해서 격렬하게 맞서 싸워야 한다. 아이는 부모를 만족시키고 부모의 연장선이 되기 위해 존재하는 게 아니다.

아이를 위해 세워 놓은 계획을 아이가 충족시켜 주는 것만을 요구하고 기대하는 모범적인 부모에게는 실례가 되겠지만, 아이는 갓난아기일 때부터 자신의 사고 과정을 사용하여 자신을 충분히 비축해 놓아야 하는 하나의 완전한 인간이다.

15세 소녀 마틸드는 또래 아이들과 교우 관계를 맺는 데 장애를 느끼는 문제로 상담을 받으러 왔다. 그녀는 줄곧 다른 사람들과 소통을 나누어야 한다는 생각에 불편한 느낌을 지녀 왔고, 그것에 대한 근심은 몸이 마비되는 듯한 증세로 나타나기도 했다.

마틸드는 깜찍한 외모를 지닌 소녀로 한번도 공부하기 싫어한 적이 없을 정도로 공부를 제일 우선 순위로 두는 우수한 학생이었다. 마틸드는 자신이 다른 아이들과 다르다는 것과, 심지어 다른 아이들에 비해 뛰어나다고 느끼고 자신의 학업 성적이 우수한 게 부정적인 영향이 되어 다른 아이들이 자신을 멀리한다는 것을 고백했다. 경기에서 아주 좋은 성적으로 완수한 여자 운동선수, 즉 한마디로 '완벽한' 아이도 집단에 합류하는 데 어려움을 느끼는 것처럼 마틸드는 완전히 괴리감을 느끼면서 자신이 집단에서 배척되는 것을 느꼈다. 교내외에서 친구도 없이 홀로 지내면서 외로움으로 인해 마틸드의 생은 고통으로 변했다. 그만큼 또래 아이들이 올리는 화제는 그녀에게는 하찮고 가소롭게 여겨졌다. 교우 관계가 없는 마틸드는 자기 자신의 세계로 침잠하는 것 이외에는 다른 방법이 없었다. 상황을 받아들이기 위한 마틸드의 서투른 모든 시도는 실패로 끝났고, 그녀의 실망도 그만큼 컸다. 이후로 비통함에 젖은 마틸드는 '아무에게도 관심을 갖지 않은' 것 같았다. 그녀의 인생에서 처음으로 학교 성적에 점차적으로 무관심을 드러내었고, 나는 그녀 안에 자리잡고 있는 우울증을 감지했다.

마틸드와 상담을 시작하기 전 마틸드의 어머니와 대화를 나눌 때 그녀는 마틸드가 예전에는 한번도 부모에게 대든 적이 없을 정도로 (자신을 표현할 수 있기 전 이러한 시도가 실패로 끝나지 않는 한) 온순하고 심리적으로 안정된 아이였다는 것을 언급했다. 마틸드는 어렸을 적 공부를 할 때나 교육적인 이득에 따라 부모님이 선택한 놀이를 할 때나 항상 부모님이 곁에 따라다녔다는 것을 기억했다. 그녀는 한번도 인형놀이나 공상 놀이를 한 적이 없다는 것을 상기했다. 항시 부모의 극직한 보살핌을 받았음에도 불구하고 마틸드는 자신의 유년 시절이 오히려 별다른 특징이 없었던 생기 없는 시절이었던 것 같다고 회상했다.

이런 엄격한 상황에서 그녀는 한번도 자발적인 놀이 경험을 할 수 없었고, 그녀의 모든 활동은 본질적으로 습득을 지향한 부모의 통제 아래 예외 없이 전개되었다. 오로지 부모에 의해 강요된 합리적인 세계에 인접하여 마틸드는 실제로 상상의 영역을 탐색하는 자유의 경험에 대한 어떤 추억도 지니고 있지 못했다.

아이들은 종종 마술 세계에 대해 지니고 있는 선천적 성향을 부모에 의해 이른 시기에 단념토록 강제하는 것에 민감한 영향을 받는다. 현대의 속성인 수익성의 신화에 영향을 받는 어른들은 유년 시기의 독특한 이 세계가 자신의 통제에서 벗어나는 이러한 성향을 배척하는 것이다. 이렇게 어떤 부모들은 자녀들의 세계에서 아이들을 '준비시키고,' 혹은 '성공하도록' '강요하면서' 이른 경쟁 범주 안에 들어갈 수 있는 활동만을 시킨다.

이같은 가족 형태 안에서 경쟁 정신은 아이들에게 추가적인 근심을 부여하여 더 이상의 경쟁의 여지가 없는 운동을 실시하는 데까지 침투된다. 놀이의 순수한 즐거움은 성과나 이러한 스포츠의 실행으로 아이의 미래를 위한 이익에 가려지고 만다.

마틸드는 방학 기간중에도 뚜렷한 소질을 드러내는 테니스 시합과 이때까지 한번도 해본 적은 없지만 마음이 상당히 끌리는 단체 스포츠인 윈드서핑 캠핑 가운데 선택해야 했다. 이같은 생각이 마틸드에게 극도의 긴장감을 유발함에도 불구하고 마틸드의 부모는 테니스 시합의 적합성에 대해 마틸드를 설득시키는 데 성공했다. 부모님의 욕망을 위하여 자신의 욕망을 포기한 마틸드는 마지못해 테니스 시합에 참가했다. 그러나 시합에 지고 돌아올 경우에는 죄의식을 갖게 하는 부모님의 비난을 감수해야 했다. 여기서 마틸드의 부모가 마틸드에게 심리치료 요법의 도움을 받게 하는 데 동의를 했다는 것은 마틸드의 학업 능률과 스포츠 능률을 되찾기 위한 목적에서이지, 이미 종종 억제당한 마틸드의 욕망을 실현시켜 주고자 본심에서 우러난 동의는 아니란 것을 덧붙이고 싶다.

이처럼 욕구에 대한 억압은 조금씩 마틸드 내면에 학업 성적과 운동 성적의 하락으로 구체화된 우울증을 야기시켰다. 마틸드는 이런 식으로 자신을 위해 미리 설정해 놓은 계획과 부모의 권한에 무조건적인 복종을 한 대가를 받은 것이다.

마틸드의 이같은 태도는 장차 아이 안에 자리잡고 있는 잠재적인 개체의 '죽음'을 야기할 수 있다는 귀결에 이른다는 것을 살펴볼 수 있다. 헤르만 헤세가 언급했듯이 "개개인의 삶은 대로로 접어들건 오솔길로 향하는 것을 시도하건 자신을 향한 여정이 되어야 한다. 그 누구도 완전히 자기 존재에 이르지 못하고, 어떤 이는 어둠 속을 지향하고 또 다른 이는 보다 더 밝은 곳을 지향하듯이 각자는 할 수 있는 만큼 변화되는 경향을 지니게 되는 것이다."

대상으로서의 아이

모든 아이들에게 있어서 반대 입장을 표명할 수 없다는 사실은 자아의 포기를 나타내는 것으로, 그것은 아이를 '훈육'의 대상으로 삼아 거기에 완전하게 복종하는 유순한 존재로 만드는 것이라 할 수 있다. 대상 상태에서 아이는 더 이상 존중받지 못하는 거의 주체로서 존재하지 않게 되기 때문이다. 이런 상태에서 아이는 욕구에 대한 개념

자체를 상실할 정도로 자신의 욕구를 박탈당하게 되고, 결국은 자신이 좋아하는 것이 무엇인지도 모를 상황에까지 이르게 된다. 이렇게 체념한 아이는 여기에 개인적인 경험에 적합한 암중모색으로 얻은 자신의 생명 에너지의 일부분과 순응성을 불가피하게 양도하게 되고, 이것은 성인이 되어서까지 막대한 대가를 지불하게 된다.

> 이네스는 우는 횟수가 잦아지고 차츰 자신의 속마음을 드러내지 않는 잠재적인 우울 증세로 상담치료를 받으러 왔다. 이외에도 그녀는 아주 먼 장래 직업 선택에 대해 강박감에 가까울 정도로 고민을 했다.
>
> 부모가 그녀에게 수학적 능력을 개발하라고 다그칠 때 그녀의 취향은 예술적인 성향에 이끌렸다. 이네스의 부모는 특히 '혼돈스러운' 길인 예술 분야 학교에 가기보다는 무역 그랑제콜에 입학할 수 있는 길이 열리는 특정 경시대회에 이네스가 합격하기를 바랐다. 그녀가 감수한 내면의 투쟁은 가족의 승리로 끝났고, 다시 말하면 그녀의 내면 깊숙이 자리잡고 있는 욕망에 대한 표현은 이성적인 논증에 의해 함락당했다. 이네스는 마지못해 그랑제콜 예비반에 들어갈 준비를 했고, 곧이어 그녀 내부에는 실패에 대한 전적인 신경증 증세와 유사한 불신 시기가 왔다. 이네스는 시험을 끝까지 치르지 못할 정도로 극심한 곤란과 공포를 느꼈다.

졸업반부터 계속해서 받은 심리치료의 도움으로 이네스는 자신의 상황에 대한 양면성을 인식할 수 있게 되었다. 이네스는 어머니가 결혼하면서 아주 젊은 나이에 학업 중단을 감수해야만 했던 사실을 알았다. 이네스는 바로 그 해에 태어났고, 그 뒤를 이어 세 명의 동생들이 태어나면서 결국 이네스의 어머니는 감히 선생님이 되기 위해 학업을 계속할 엄두를 낼 수 없었다. 이네스에게 자신과 같은 전철을 밟지 않게 하겠다는 어머니의 욕망은 딸에게 말하는 메시지 안에 다소 의식적으로 잠재되어 나타났다.

이때 이네스는 어머니가 이루지 못한 것을 '보상해야 한다는' 의무와 성공에 대한 두려움으로, 스스로 상당한 죄의식에 사로잡혀 자신의 능력을 넘어서는 것에 대한 두려움 사이에서 꼼짝 못하고 있었다. 자신의 내면 취향에 일치하는 예술 분야를 선택하면 어머니가 자신에게는 기대감을 저버리는 일이므로 어머니의 욕망을 어기는 것에 대해서 이네스는 견딜 수 없었다. 이러한 사실을 자각한 후 이네스는 자신에게는 승리의 일종이지만 자신의 꿈을 접는다는 대단한 희생의 대가로 시험에 합격하면서 이같은 곤경에서 빠져나올 수 있었다.

그러나 몇 년 후 이네스는 다시 상담을 받으러 왔다. 그녀는 지방대학에서 우수한 성적으로 상경계 학업을 마친 후 다시 극심한 우울증 증세가 찾아오면서 커다란 혼란에 사로잡히게 되었다. 별다른 지식 없이 잘 모르고 취득한 학위가 자신의 깊은 갈망과는 근본적으로 다르다는 생각이 갑자기 떠오르면서 이네스는 상업 분야의 직업을 선택하지 못했다. "욕실 같은 곳에서 내가 상상할 수 있는 나의 유일한 직업은 에나멜을 입히는 일이었어요……. 저는 그 일을 좋아했고, 상경 계통의 직업을 갖고 싶다는 생각은 전혀 들지 않았어요. 이같은 망설임이 직업을 찾고자 하는 모든 수단을 방해했어요."

이네스의 말을 들으면서 예전에 이네스가 시험에 대한 공포를 극복하도록 정신분석을 실시했을 때 충족된 결과를 얻을 수 없었다는 것을 인정해야 했다! 그녀의 일차적인 근심은 당초에는 자신의 실패가 딸을 통해 이루어지기를 바라는 어머니의 욕망에 복종하는 것에 무의 식적으로 거부를 표현할 수 있는 부분을 나타냈었다. 목적에 도달했을 때 미래에 대한 문제가 매우 격심하게 다시 제기되었고, 이네스의 대 학에서의 성공은 어머니가 자신에게 투사하는 것과 자신의 짓밟힌 꿈 사이에서 겪어야 하는 내면의 고통을 아무것도 해결해 줄 수 없었다. 나는 되풀이하여 이네스에게 자신의 계획을 실현할 수 있는 가능성을 상기시켰지만 이네스가 지니고 있는 어머니에 대한 매우 큰 죄의식이 우세했다. 이네스는 자신에게 암암리에 강요되는 것에 대해 저항하는 '방법들' 을 발견하지 못한 것이다. 이런 죄의식을 분석하고, 늦어도 자신의 선택을 다시 하기 위해서는 그녀에게 충분한 시간이 필요할 것 이다.

그러나 이 성숙기는 너무 이른 시기부터 자신이 생각하고 혹은 자신 이 가야 할 길이라고 믿는 길에 접어들어야 한다는 강박감에 휩싸인 많은 수의 청소년들에게는 결핍되어 있다. 이같은 신념은 허상일 경 우가 비일비재하다……. 가족과 사회의 압력에 의해 강제되어 이 길에 조급히 진입해 들어가기 위하여 이들에게서 꿈의 역할은 간과된다.

선택의 자유……

어른들은 종종 개인의 전체 삶에 있어서 이와 연결된 선택을 하도록 강요받는 순간이 얼마나 많은지를 잊어버리고, 모든 청년들이 항상 성숙과 자아 의식을 갖지 못하는 것은 불가피한 사실로 여긴다. 특히 부모들의 욕망이 자녀들에게 자녀 자신의 갈망을 탐구할 여유를 거의 주지 않을 때에는 더욱 그렇다. 단지 어떤 영역이나 타인에 대해서 거역할 수 없는 열정에 깃들어 사는 특권 계층만이 초조하게 자신의 열망이 실현될 수 있는 때를 기다린다. 여전히 대다수 청소년의 경향은 가족의 마음에 들어야 하는 것이다.

> 15세의 한 소년이 학업 포기 문제와 행동 문제로 상담을 받으러 왔다. 부모가 고등학교에서 퇴학 조치를 내리게 하려고 일부러 방법을 취한 게 아닐까 의심할 정도로 그는 학급에서의 성적이 최하위권에 머물러 있었다. 거기다 이 아이는 교사들의 화를 돋우고 진저리나게 만들었다.

그러나 상담 진료를 시작하고 얼마 지나지 않아 안토니가 시계에 흥미를 지니고 있다는 것을 알았다. 면담시에 그는 자신이 좋아하는 것을 언급할 때 활발해졌고 재담꾼이 되었다. 시계의 역사, 원산지, 특징, 제조, 예술사에서 시계가 차지하고 있는 위치 등, 시계에 관련된 모든 영역에 관심을 지니고 있었다. 시계에 관해 박식한 지식을 갖고 있던 그는 매일 시계 경매 장소에 가서 경제적 형편에 따라 시계를 샀고, 이렇게 모으기 시작한 시계는 이미 남들이 부러워할 만한 경지에 이르렀다. 안토니는 요즈음의 청소년들에게는 찾아보기 힘든 열정을 갖고 있었고, 자신이 관심을 지닌 시계 같은 특수 영역에 대해 말을 할 때에는 흥분을 감추지 못하고 매우 쾌활해졌다. 시계는 그에게 있어서 완전한 하나의 세계를 나타내는 것이고 어떤 교과 과목도 그것에 대적할 수 없었다.

그러나 안토니는 학교에서나 집에서나 무능력자의 이미지로 규정되어 실패 상태에 있었다. 안토니가 자신의 계획과 영감을 구속하는 단순히 일상적인 규범과 학교 영역에서 벗어나 있다고 해서 그를 실패한 인생으로 보는 것은 매우 불합리하게 여겨진다. 만일 안토니의 독특한 관심 영역이 어른들에게서 인정을 받았다면 이 아이는 자신이 배척당했다고 느끼지 않았을 것이다. 종종 실패 상황은 일상적인 규범 상황에 들어가지 않은 아동기에 너무 일찍 끌어낸 개념임을 드러낸다.

안토니와 몇 번 상담치료를 하면서 나는 이 아이의 독창성을 인정하고, 부모로 하여금 안토니의 독창성을 인정토록 하기 위해 더욱 돋보이게 하는 것에 주안점을 두었다. 거기서 위안과 용기를 얻은 안토니는 시계에 관련된 교육 기관 형태인 전문학교에 빨리 입학하겠다는 계획을 실현시키기 위해 다시 학업을 시작했다. 다른 사람들이 자신을 바라보는 시선의 영향과 거기서 느껴야 했던 자신에 대한 과소평가와, 이로 인해 공격적으로 되었던 학급에서의 그의 품행은 본인이 느끼기에도 현저한 변화가 있었다.

규범적인 학교

많은 어린이들이 자신에게 적합한 특성 안에서 가치 회복할 욕구를 느끼지만 그 특성은 다른 아이들과는 구별되는 아이로 만드는 요인이 된다. 만일 학교가 아이들에게 자신들의 차이점을 표현하는 공간을 부여할 수 있다면, 아이들은 다른 사람들을 위해서 영구히 풍부함의 원천이 되는 장점을 제시하면서 자신이 한 선택에 대해서 끝까지 밀고 나갈 용기를 얻을 것이다. 개개 어린이 안에 잠자고 있는 독특성을 실현하도록 도와 주고 드러내도록 해주는 게 부모와 교육자의 본질적인 역할이 아닐까?

최근에 미래의 학위 취득자를 선별하고 양성하는 명성 있는 학교에 임명된 어떤 교사가 첫 학급회의에 대해 들려 준 정보는 적잖은 놀라움을 안겨 주었다. 학급회의 시간에 한 아이에게 배당된 시간은 1분을 넘지 않았고, 회의 의제도 회의 결과에 대한 질문만 있었으며, 자아라든지 신중한 아이로 인정되는 몇몇 아이들에게서 나타나는 지적 능률의 저하를 설명할 수 있는 어려운 상황은 결코 다루어지지 않았다. 그런 환경에서 이루어지는 평가는 이 청소년들의 이미지를 변용되고 로봇화한 개인의 이미지로 만드는 점수만 중요시하고, 아이들의 독창적인 삶의 요소를 조금도 고려하지 않은 것이다. 다시 어쩔 수 없이 단두대의 칼날이 떨어질 것이고, 그 상황에서는 아무도 위험을 무릅쓰고 자신을 변호하지 않을 것이며, 곧 의심쩍은 사람으로 낙인찍히는 일에 개입하지 않을 것이다.

개인의 체험과 청소년기에 관련된 변화 사항들의 보고를 등한시하는 추세에 있다면, 감정이 어떠한 자리도 차지하고 있지 않은 이러한 상황에서 이성을 잃은 체계에 스며든 아이들이 모든 감정 혹은 사사로운 감정을 표현하는 것을 포기한다고 해서 그리 새삼스러운 일은 아닐 것이다. 더욱이 이같은 포기는 계속해서 이어질 것이라는 절망적인 인식에 사로잡히게 된다. 이때부터 학업 기간 동안 이들의 원한을 억압하는 것 이외에는 다른 대안이 없는 것이다. 이러한 형태의 억압은 아이들이 어느 정도의 힘을 지니게 될 때 자신의 후배들이나 동급생을 괴롭히는 일로 이 원한을 투사하게 되는 것이다.

많은 수의 청소년들이 미래의 선택에 관련된 결정을 내려야 할 순간을 두려워하기에 아이들은 이 순간을 필사적으로 빠져나가려고 시도하고, 급기야는 그들 자신의 본질적인 역할을 포기하는 지경에 이르게 된다. 자신들의 희망과 계획을 포기하는 것이 거부되는 상황에서 아이들은 종종 자신들을 사로잡고 있는 근심의 근본 원인에 대해 상담을 받으러 온다.

오늘날은 유치원에서조차도 아이들의 평가를 위해 수십 가지 특색 없는 질문 사항들이 나열된 것에 그친 천편일률적인 테스트가 실시되고 있다. 이 유명한 '평가 노트'는 최근에도 고정 관념에 사로잡혀 있는 교육 행정 기관이 말없는 다수의 교사들에게 강제하는 수단이다. 이 평가는 아이들의 모든 성적을 추적한다. 이 평가서가 개인의 특정 창의성에 대해 최소한의 반영을 하는 것조차 불필요하다고 여기는 이유에 대해 말해 무엇하랴! 이것은 관례적인 평가에 들어가는 자질 방식이 아니다. 반대로 초등학생의 교사 평가란에서는 어떤 부모들이 아연실색하거나 절망하여 종종 나에게 이야기한 것처럼 '너무 지나치게 상상력이 풍부함' 같은 아무런 울림이 없는 기록을 더 빈번하게 발견하게 된다.

그러나 때로는 이들 부모도 유치원부터 자신들의 자녀가 하루에 20분만 '공부하고' 나머지 시간은 놀이에 할애한다는 사실에 분개하기도 한다! 최근에 한 여교사에 대한 일화를 들을 기회가 있었다. 그 여교사는 아이들이 공부를 안한다는 사실을 학부모에게 알리기 위해 학부모 면담을 주최해서는 "당신 딸이 놀 생각만 하는데 무슨 조치를 취하지 않으면 큰일납니다!" 하거나, 이보다는 좀 나은 방법으로 4년 6개월된 남자아이의 부모에게 유치원에서의 자질 부분을 질문하였는데,

그 교사의 말은 가차없이 이 아이가 '분리되어' 있다는 것을 의미하였다.

어떤 교사들은 심리학 용어의 의미를 통제할 수 없다는 사실의 영향을 확신하면서 심리학 용어 사용을 삼갈 것이다. 라루스 《심리학 사전》에 따르면 '분리'는 '조화의 단절, 자아의 분열'로 표기되어 있고, 앙리 헤이의 《정신병학 입문서》에는 '정신분열증 환자에게 특징적으로 나타나는 증상으로 심적 생활에서 분리가 일어나는 현상'이라고 정의되어 있다.

마찬가지로 중증 상태에 있다는 것은 단지 아이의 문자표기법이 아직은 '형성되지 않은 채' 머물러 있다는 사실이다. 이렇게 되면 아이가 유치원의 대부분의 활동 영역을 따라가지 못하고 두번째 해에 낙제할 위험이 있게 된다! 자신의 학업 미래가 이미 위태로운 상태에 있다는 것을 인식한 아이는 집에 가서 자신의 잘못을 깨달은 숙명론자의 어조로 "전과목에 낙제했으니…… 전 참 한심한 아이죠"라는 말을 반복한다. 그러나 쾌활하고 사교적인 이 아이는 제 나이에 맞지 않은 이외의 단어를 사용하여 억제할 수 없는 여유와 유머를 표현한다. 아이의 매우 민첩한 육체와 풍부한 유희적 상상력은 때로 약간 산만하게 하는 요인이 되기도 한다.

이 연령대의 아이가 이때부터 과소평가된 채로 살아가야 한다는 것을 어떻게 견뎌낼 수 있겠는가? 연령대로 규정된 모든 성적 기준에 일치하지 않는다는 것을 구실 삼아 자녀들이 자아를 잃게 되는 것을 어떻게 부모가 견딜 수 있겠는가? 모든 아이들이 현재 교육 체계 규범에 들어가기 위해 동일한 방식으로 행동하는 것을 바라는 게 정당한 일일까? 그러나 우리는 한 아이가 동시에 모든 영역에서 동일하게 좋은 성적을 낼 수 없다는 것과 결국 아이는 정해진 시기에 어떤 부분에서는 좋은 성적을 내고 다른 부분에서는 나중에 발전하게 될 분야를 희생시켜 이 분야를 습득하는 준비를 해야 한다는 것을 잘 알고 있다. 그런데도 불구하고 어쩔 수 없이 제시된 규범이 유일한 기준이 되어 이제 처음 학교 생활을 시작한 아이의 미래를 예측한다. 결국 출생 검사로 신생아의 미래 능력과 행동 단면을 정하는 것이다!

분명 교육의 목적은 천편일률적인 교육 규범을 위해 아이들을 억압하는 게 아니라 개개 아동에 내재되어 있는 욕망을 표현하고 고유한 능력을 발달시키는 데 있다. 그러나 실제 학교에서는 평가하기에 더욱 편리한 방식인 정확한 과학 모델에 근거한 '합리적인' 과목으로만 교육을 이해한다.

실제로 "학교가 모든 아이들을 받아들여야 한다면 학교는 여전히 하나의 유형과 매우 엄격한 기능에 머물러 있게 된다. 쓰기, 추상력, 개념적 추론의 프레그넌스[정확성; 베르트하이머의 개념으로 사물을 하나의 통일체로 파악하면 사고에 필요한 에너지의 양을 최소한으로 줄일 수 있다는 것을 그 내용으로 하고 있다], 귀족적인 사항에 대한 과대가치 부여, 구체성, 행위, 기술의 경시는 그만큼 상당히 효율적으로 전달되는 규범, 관습의 함축적인 가치를 드러낸다."* 어느 날 수학 문제를 다 풀어야 한다는 이유로 수업에 불참하겠다는 한 학생과 대면한 중등학교의 젊은 미술 교사는 그 아이에게 다음과 같은 질문을 던졌다: "너는 한 해 동안에 옷을 선택하고, 실내를 배치하거나 네가 살아가는 장

---

* J.-F. 비데, 〈바람직한 교육자의 자질은 무엇인가?〉, in 《심리학회지》, déc. 94-janv. 95.

소를 설치하는 데 있어서 적분 지식을 사용할 기회가 더 많다고 생각하니, 아니면 형태와 취향·색상의 조절을 사용할 기회가 더 많다고 생각하니?"

아이들에게 자신의 참모습을 깨닫게 하는 것

본질적으로 우리 교육 체계는 여전히 훈육에 토대를 둔 상태에 머물러 있고, 그 훈육은 개개 아동의 리듬에 맞추어 발전하는데, 필요한 성숙에 이르는 시기를 앞당기는 바람직하지 못한 효과로 나타나기도 한다. 학교가 개개 어린이의 특성에 맞게 자유로이 수업에 참여할 수 있도록 전념해야 하는 장소임에도 불구하고 체계는 학교조차 아이들에게 자신의 참모습을 깨닫도록 이끌어야 하는 가장 본질적인 역할을 회피할 것을 강요한다.

부모들은 종종 소위 '주요' 과목에 아이들이 전념토록 하기 위해 예술 활동이나 스포츠 활동에서 좋은 성적을 냈을 때 아이들을 칭찬해 주는 것이 무익하다고 판단하는 것은 무슨 까닭인가? 창조적 자질을 타고난 아이가 다른 아이들에 비해 불리한 입장에 처하는 것은 무슨 이유인가? "우리 아이는 그림이나 음악 혹은 시 과목에서만 성적을 잘 받아와요"라고 부모들은 언짢아하면서 말한다. 이같은 사실은 감성 지능은 부수적인 기능이 되었고, 더 나아가 무용한 기능이 되었음을 입증해 주는 것이다.

직업 생활이나 개인적 삶에서 비롯되는 욕구불만에 대한 보상을 다양한 창조적 활동에 참여하고 추구하는 것에서 찾는 많은 수의 성인들은 역설적으로 자신의 아이들을 학교 내에서 행해지는 이같은 형태의 활동을 못하도록 억압하는 부모 역할을 지향한다. 소수의 부모들만이 문법·수학·과학보다는 그림·음악·체육을 선호한다! 그러나 이러한 과목들은 아이들의 미래에 평가할 수 없는 자원을 제공하여 주는 것이다. 불행하게도 학력이 부족한 부모들만이 여전히 상상력과 신체에 관련된 교과목을 선호하고 있다.

그러나 고용 '시장'과 그랑제콜에서 문학에 대한 시선을 재고하는 새로운 경향에 기대를 가져 볼 수 있다. 대학생들의 이런 다양한 성향이 사실이라면 다양화는 개개인에 대한 교환과 풍부함을 이끌어 나갈 수 있을 것이다. 학교도 마찬가지로 아주 오랫동안 등한시해 온 감성 지능의 표현에 재가치를 부여하는 것을 선택하리라는 것에 희망을 걸어 본다.

개인의 탐구

학교는 더 이상 아이들에게 문화와 자아 인식·타인들에 대한 인식을 열어 주는 것에 목적을 두지 않고 위에서 언급한 주요 과목의 수익성을 증거하는 장치로 자격증을 획득할 수 있게 하는 데 우선적인 목적을 둔다. 그러나 이 자격증은 경기 후퇴 국면의 노동 시장에서는 매우 취약한 증서 역할밖에 못한다. 이렇게 실업의 두려움으로 오늘날의 청소년들은 자신들의 실제적인 선택과 상이한 정해진 절차를 밟아 나가도록 강요받는다. 이 절차는 예전에는 그 타협으로 보장이 되었던 안정성을 더 이상 제공받지 못한다. 따라서 몇몇 부류의 청소년들이 더 이상 지탱할 방법이 없는 장래성의 보장이라는 이름으로 자신들에게 억압을 강요하는 혹독한 교육 체계에 이중적으로 배신감을 느끼는 것은 더 이상 새삼스러운 일이 아니다.

일반적으로 최상의 학위 소지자들은 현재의 교육 체계에 충분히 적응한 것을 드러낸 것으로, 빈둥빈둥 지내고 싶은 최소한의 유혹에 빗장을 지르며 자신들이 엘리트 집단에 속한다는 것을 증명하기 위해 가능한 지식을 가장 많이 축적하는 한 가지 목적만을 생각하며 살아가고 있다는 것을 나타낸다. 그러나 최고의 자리를 빼앗기고 가치 하락과 수많은 낙담이라는 예기치 않은 감정을 충족시켜 줄 더 이상의 대안이 없을 때 이들의 취약함은 아무 예고 없이 나타난다. 분명 이들은 성공을 놓쳤을 때의 절망적인 상황과 근심에 맞서 지켜 나가게 해주는 평가할 수 없는 자원인 놀이의 즐거움과 공상하는 능력을 빼앗긴 채 너무 일찍 포기한 경우일 것이다. 왜냐하면 상상력은 인생에서 하나의 힘이기 때문이다. 상상력 덕분에 인생에서 영구한 위치를 차지하고 있는 창의성으로 미지의 상황에 적응하면서, 동시에 개혁·창조·창안할 수 있는 능력을 키울 수 있기 때문이다……. 그러나 이러한 것들을 너무 소홀히 하다 보면 이들처럼 갑작스럽게 어려운 상황에 처할 때 거기에 맞설 수 없게 되는 것이다.

소수의 타고난 아이들, 특히 균형잡힌 아이들은 쉽게 체계(대다수 아이들이 적응할 수 있다고 가정된 체계이지만 실제로는 30퍼센트의 아이들에게만 효과적이다)*에 순응한다는 것은 그들의 삶이 위태로울 때까지 다른 아이들이 이들의 순응으로 매우 비싼 대가를 지불하는 것이다.

---

* Cf. J.-F. 비데, *op. cit.*

아마도 다른 사람들의 부러움을 살 만한 수많은 성공은, 현실은 생각지도 못한 장애에 대응하기 위해 학업의 보장을 포기해야 할 때 자살 시도를 유발했을 것이다. 학업 성적이 우수하다고 해서 인생에 정통하다는 것을 의미하지 않으며, 우여곡절에 맞서는 데 필요한 방어 수단을 획득한 것도 아니다.

너무 일찍부터 청소년에게 여러 여정 중 한 가지 길을 선택하라고 강요하는 것은, 반드시 행복의 동의어라 단정할 수 없는 성공을 위해 희생해야 하는 것으로 너무 이른 시기부터 그의 무한한 잠재성을 포기하게 하는 결과를 낳는다. 일반적으로 가족과 사회가 가치를 부여한 학위를 취득하는 것에 모든 에너지를 다 쏟은 후 청소년은 자신의 목표에 사용될 수 있는 탐색 영역을 제한하는 문제에 더 이상 전념할 수 없게 된다. 하나의 인생은 자신을 알기 위해서는 거의 충분할 것 같은데도 불구하고 사람들은 청소년에게 너무 이른 시기부터 그들의 미래를 한정하고 그들이 지닌 수많은 가능성을 포기하도록 요구하기 때문에, 막상 청소년들은 자신의 인생을 재고할 여유를 갖고 있지 못하다. 우리 교육 체계에서 청소년들은 개인적인 신념을 설정하기 위한 필요한 요소조차 지니지 못했는데도 불구하고 한 가지 길로 들어갈 것을 강요받는다. 결국 이들은 자신들 모르게 부모들에 의해 유도된 선택을 따라야 하고, 종종 자기 것이라고 믿고 있는 욕망에 사로잡히게 되는 것이다.

학문적 지식의 절대적인 전달에 집중되어 있는 교육은 결국 의심쩍게 보이는 개인적 탐색을 희생시켜 이루어진 것이다! 실제로 교육은 처음에는 어른의 권한에서 그 다음에는 사회의 권한으로 충분히 훈련시켜 이러한 사실을 억제시킴으로써 아이의 생각 속에 의심과 이의를 도입할 위험 소지를 없애는 것이 아닌가? '순응한' 아이, 즉 강제된 규범에 잘 적응된 아이는 자신에게 주입된 것에 대하여 위험을 무릅쓰고 단절 상황에 놓일 위험 소지를 안고 있는 양면적 혹은 공격적인 감정을 표현하려고 시도하지 않는다.

현실의 시련에 맞서기 위해 자신들의 환상과 유토피아를 이미 포기해 버린 부모들은 자녀들의 꿈이 아이들을 너무 빨리 이끌어갈 것, 자신들이 위험을 무릅쓴 것을 허용한 것보다 더 멀리 이끌어갈 것을 두려워하고 있다. 이때부터 최소한의 게으른 성향과 꿈꾸는 성향은 비난받게 되는 것이다. 아마도 나태는 어른의 영향권에서 벗어나기 위해 아이가 생각해 내는 유일한 계략으로만 여겨지기 때문일 것이다. 현실이 너무 무겁게 짓누를 때 아이가 누구의 간섭도 받지 않고 혼자 있을 수 있는 자유 영역인 사적 영역에서는 그 누구도 감독권을 지닐 수 없다. 이 영역은 '다른 곳으로 떠날 수 있는 하나의 장소'가 되는 것이다.

이렇게 아이에게 있어서 '공상하는' 행위는 다른 것에 관련됨에도 불구하고 과오를 범하는 것과 유사한 것이 된다. 초등학교 1학년 과정을 맡은 한 젊은 여교사는 이러한 사실을 잘 이해하고 있어서 종종 달아났다가 돌아오는 한 아이를 눈여겨보았다. 그 교사는 아이가 자신의 내면 세계로 향하여 시선을 돌리는 독특한 방식에 대해 애정 어린 예리한 관찰로 기록을 했다. 어느 날 이 여교사는 아들의 특이한 행동이 더 심해질까 걱정하고 있는 아이의 어머니에게 다음과 같이 대답했다. "이 아이는 달아나는 게 아니에요. 다만 다른 아이들이 보지 못하는 것을 볼 수 있는 것뿐입니다. 교정에 있는 나무에서 살며시 떨어지는 나뭇잎을 좇아서 아이는 사라지는 것이고, 내가 알 수 없는 이야기를 상상하러 사라지는 것입니다! 전 행복한 시간을 보내고 있는 그 순간에 이 아이를 방해할 수 없습니다. 아이는 자신의 인생에서 커다란 구원이 될 풍요로움을 소유한 것이고, 전 영원히 지속되기를 바랍니다.”

최근에 임명된 이 젊은 여교사는 교육 체계에 순응하기보다 이제껏 자신이 이상화시키고 있는 (그러나 이런 마음이 언제까지 지속될까……) 교사라는 직분을 통해 아이들을 존중하는 교사가 되고자 노력했다. 교사 한 사람만이 이 어린 소년을 헤아릴 수 있다는 것은 틀림없이 이 여교사가 이 아이에 관련된 것을 아는 주의 깊은 시선을 갖고 있음으로 여겨진다.

어린이 사장

어떤 아이들은 아주 어린 나이부터 자신의 참모습이 아닌 부모의 욕망을 본뜬 '꾸민 자아'를 지니게 된다. 부모들은 아이의 참모습을 희생시켜 부모의 사랑을 얻는 목적에 아이들을 만들어 간다. 교육 체계 자체와 마찬가지로 부모들이 어떻게 아이들을 사회의 이해 관계에 일치하게 만들고, 아이들의 미래를 어른들이 보장해 주고자 하는 비밀스런 목적으로 아이의 욕망과 꿈을 무디어지게 하는 효과를 위한 위험한 성향을 독려하는지를 이미 앞에서 살펴본 바 있다. 결국 여기서의 교육은 효과적인 사회를 위한 이익이 될 수 있는 교육만이 있게 된다. “나는 한가롭게 빈둥거릴 시간이 없단다. 난 성실한 사람이거든” 하고 생텍쥐페리의 《어린 왕자》에 등장하는 은행가는 말한다.

실제로 아이들은 어린 사장과 같은 스케줄을 갖고 있다. 어른에 의해 짜여진 스케줄은 놀이 공간에 빠질 여유도 꿈을 꿀 여유도 남겨 주지 않는다. 피아노 레슨과 테니스 레슨을 왔다갔다하는 숨가쁜 의무를 지닌 9세의 어린이는 나와 단둘이 있게 되자 비장하게 애원했다: "선생님이 우리 부모님께 제가 아무것도 하지 않는 시간을 갖기를 바란다고 말씀드려 주세요. 전 그 많은 것들을 더 이상 할 수 없어요. 단지 집에서 방학을 보내고 싶은 게 제 꿈이에요!" 이 아이는 아무것도 안하고 빈둥거린 적이 단 한 순간도 없었다. 헛되이 부모를 설득하는 것을 시도한 후 결국에는 여러 의무에서 벗어나게 해달라고 요구하는 것도 포기하기에 이르렀다.

종종 아이는 화를 내거나 부모의 명령을 거부했을 때 부모의 사랑을 잃는 것이 두려운 나머지 억지로 화해의 제스처를 보였다. 아이는 부모의 말 배후에 잠재되어 있는 다음과 같은 말을 들었기 때문이다. "만일 내가 원하는 것을 네가 정확하게 하지 않으면 난 더 이상 너를 사랑하지 않을 거야." 이것에 저항하는 아이들은 부인하고 포기하는 느낌이 드는 것은 위험한 짓임을 잘 알고 있다.

결국 아들의 예기치 못한 행동으로 당혹감을 느낀 어린 사장의 부모는 상담을 받으러 왔다. 이들 부부의 아들은 '더 이상 그 어떤 것에도' 흥미를 지니지 않게 되면서 그나마 조금 남아 있는 기력도 학교에 가는 것을 완강하게 거부하는 데 사용했다. 자유의 부분은 감소된 채 과중한 공부에 시달렸던 아이는 지나친 구속을 느끼면서 여러 수업에 집중하지 못할 정도로 더 이상 버틸 수 없게 된 것이다. 무척 활동적인 아이라 욕구가 충족된 것으로 간주될 소지가 있었지만 상담을 한 결과 아이는 욕구좌절 증상을 드러냈다. 욕구좌절은 정확히 '아무것도 하지 않는' 것을 포함하여 자신의 의도대로 사용하는 자기 시간을 갖겠다는 정당한 욕구 안에서 욕구불만을 느끼게 되는 것이다. 오늘날 과소평가되고 있는 자신의 '시간을 낭비하게 되는' 단순한 쾌락을 위한 활동은 그러나 많은 교육적인 요소를 품고 있다. 왜냐하면 이 무익한 시간 안에서 자신에 속한 하나의 세계를 구축해 나갈 수 있는 기회를 포착할 수 있기 때문이다. 수요일까지도 하루종일 스케줄이 꽉 짜여 있다면 어떻게 아이가 자신이 가방 안에 숨는 게 성공할 것이라 가정하면서 가면복 가방에 숨어드는 생각을 하겠는가? (프랑스의 초등학교는 수요일에는 수업이 없고 토요일에는 오전 수업만 있다. 현재는 주 4일 수업제 허용 방안을 놓고 논의가 진행중에 있다.)

명확히 드러나지 않은 우울증과 유사한 반응을 보이는 이 아이의 증상은 아이의 정신적 혼란을 나타내는 것이라고 추정되었다. 모든 증상과 마찬가지로 이 아이의 증상도 아이가 받아들일 수 있는 한계를 넘어섰을 때, 현실에서 강요된 모든 억압에 대한 일괄적인 거절만으로는 만족할 수 없을 때 경보기를 잡아당기는 효용성을 지니고 있었다.

분할된 생활

아이가 처음 단계인 학교와 그 다음 단계인 노동 시장에서 '고능률의 수확'을 올리도록 목표를 삼는 이 단순한 예가 과도한 활동을 야기하고, 거기서 도망치고자 하는 정당한 욕망이 거부당할 때 아이의 심리적·정서적 균형을 유지하는 데 위험을 초래할 소지가 있는 것은 분명한 사실이다. 그렇지만 피곤에 지친 어른들과 때로 매우 드문 경우에 속하지만 자신들의 생활 방식에 비판적인 어른들은 끊임없이 자녀들에게 가능한 빨리 아이들의 생활을 공부하는 시간과 노는 시간으로 분할하여, 노는 시간은 단지 공부 시간이 완화된 시간을 두어 준비할 것을 강제한다는 것은 놀라운 일이다. "마음대로 처분할 수 있는 시간의 개념은 일하는 시간과 마찬가지로 같은 열정을 지니고 투자해야 하는 영향력 있는 개념이다." 사람들은 '꽉 짜여진 시간'에 비해 '한가한 시간'에 매력을 느끼지만 생산성에 대해서는 두 가지 모두 공통된 기준을 지니고 있다. "암암리에 많은 대가를 지불해야 하는 사실에 대해 당연하다고 여기기에, 사회적으로 인정된 여가는 노동 투자의 연장이라는 개념이 형성되면서 이제는 시간을 헛되이 소모하지 않는 가치가 되었다."(장 보드리야르) 이렇게 '비어 있는 시간'은 여분의 개념이 아닌 오히려 앞으로의 노동 시간을 견고히 하기 위해 활용해야 하는 개념으로 인식된다…….

노동 시간과 자유 시간은 이 시간들을 유익하게 활용하여 이익을 얻으려고 고심하게 되면서 소외조차도 활용해야 할 시간의 개념이 된 것이다! 이 상황에서 두 개념의 시간 사이에는 더 이상 허비하는 시간의 쾌락을 위한 장소가 남아 있지 않다…….

스포츠 센터의 성공은 노동 시간/자유 시간 관계의 변화에 올바른 조치를 취한 결과라 할 수 있다. 이 스포츠 센터는 우리 모두가 쓸데없는 노력을 하지 않도록 조성하는 생활 방식 결과를 감내하여 몸을 만회하는 욕구에 틀림없이 일치한다. 일상 생활에 침투한 모든 기계 종류는 오늘날 지루한 노동에서 우리의 부담을 덜어 주지만 한편으로는 빠른 속도로 감퇴하는 육체의 퇴행 현상을 야기시켰다. 반대로 개인이 완수해야 할 지속적인 육체적 노력에 결합된 맞춤 음식은 이전 세대의 육체 균형을 보장했다.

오늘날 기계의 효율성으로 인한 짧아진 육체의 움직임은 여러 병을 유발시키는 육체의 나태에서 비롯된 것이다. 이러한 사실은 우리 모두가 어떤 단계 혹은 다른 단계로 변화되는 '장애 상태'에 순응된 기능적인 재교육을 필요로 한다는 것을 나타낸다. 예전에 이루어졌던 자연스러운 움직임이 사라졌다는 사실은 근육 부위에 따라 각기 다른 형태의 기구를 갖추어 놓은 스포츠 센터에서 근육의 힘과 유연성을 되찾기 위해 안간힘을 쓰고 있는 사람들의 모습에서 확인할 수 있다. 기술의 발전 덕택에 얻은 이 자유로운 시간은 결국 운동 부족으로 쇠약해진 살찐 육체를 인위적인 값비싼 대가를 들여 회복하는 데 사용하도록 강요된 것은 아닐까!

정신의 경우에도 상황은 마찬가지이다. 고성능의 복잡한 기계들이 힘든 노동의 부담을 덜어 주는 상황에서 사무노동자는 장시간 단조로운 노동에 보다 큰 효능을 위해 더 많은 주의를 기울여야 하는 기계를 탓한다. 기계에 주의를 기울이는 행위가 과거의 육체적인 노력과는 별개라 할지라도 모든 영역, 즉 기계와 컴퓨터로 재전환된 사람들에게서 요구된 이같은 지속적인 주의는 그렇다고 해서 아무것도 해결해 주지 못한다. 그리고 우리가 희망을 가질 권리가 있는 것과는 반대로 창조성은 획득되지도 개선되지도 않는다. 반복 노동으로 비롯된 억압은 더욱 복잡한 또 다른 억압에도 불구하고 과거의 것과 유사한 상태로 남아 있게 된다. 거기서 영향을 받은 사람들은 의기소침한 상태에 있지 않을 때에는 다양한 육체의 질환을 원망하게 되는 것이다.

이 점과 관련해 내게 상담치료를 받았던 한 아이의 아버지가 들려 준 일화를 소개해 보고자 한다. 조형예술학 교수로 재직하는 아이의 아버지는, 직원들의 우울증이 사내 긴급 사안으로 떠오른 일본의 몇몇 기업이 사내에 회화와 조각 작업실 설치를 위해, 이 아버지가 재직하고 있는 학교를 포함하여 프랑스 예술학교 교수들에게 자문을 구하러 왔었다는 것을 상세하게 들려 주었다. 이같은 미술 활동은 직원들에게 작업으로 인한 긴장과 걱정에서 벗어날 수 있는 공간을 제공하는 역할을 했다. 동시에 거기서 직원들은 자신들의 창의성을 표현하면서 최첨단의 전문적인 기술로 인한 파괴된 마음을 다시 회복시켜 나가는 방법을 발견할 수 있었다. 이렇게 기업이 직원들의 심리적 균형을 지켜 나가는 것에 관심을 기울인다면 생산성은 자연히 높아질 것이다! 오늘날 노동자들이 얻은 자유는 어떤 계략이 감추어져 있다는 의심을 받고 있다. 이 자유는 기계화의 손해를 만회하기 위해 직원에게 요구된 추가로 일하는 대가를 지불할 때에만 얻을 수 있기 때문이다. 이때부터 과거에서는 일상 생활에 통합되는 풍부하고 자연적인 발견 영역에 속했던 모든 것은 오늘날에 와서는 기업의 경제 계획안에서 이루어지는 상황이 연출된다.

아무것도 하지 않는 시간

우리 삶에서 기계들을 추방하려는 계획이 가장 모호한 유토피아임을 드러내는 것이라면 어른과 어린이 일상의 모든 영역을 침범한 체계를 통제하기 위해서는 경계를 게을리 않는 것이 필수적인 것 같다. 그렇다면 이 사항이 아이들의 창의력과 관련이 있음은 무엇으로 설명할 것인가?

이러한 실행이 일반화되기 위해서는 어린이 세계와 관련된 것을 포함시켜야 된다. 장 보드리야르의 주장처럼 "더 이상 무용한 영역은 존재하지 않고, 악용될 위험에 처한 영역만이 있다."* 예전에 '인생의 학교'라는 식으로 연결된 삶과 학교는, 아이들에게 추상적인 지식으로 주입된 수동적인 현재의 아이들을 창조성으로 제시함으로써 매우 이른 시기에 초래된 피해를 만회하면서 다른 곳에서 그것을 찾지 못하도록 한다.

예전의 아이들이 자신의 주변 환경에서 발견한 것이 자신의 경이로운 호기심의 기대치를 충족시키는 것이었다면, 이러한 환경과 단절된 오늘날의 아이들은 인위적으로 그것을 발견하도록 강요받는다. 가령 라빌레트 과학 산업 센터에서 아이들은 사진에서만 보던 새들을 발견하지만 그 새들은 사람들이 버튼만 누르면 노래한다. 말하자면 녹음된 소리의 새와는 분리된, 고착된 이미지로만 남아 있는 '죽은 새들'만을 보게 되는 것이다. 그것은 만져보고 싶은 느낌도 즐거움도 주지 않는 콘크리트로 된 양과 같은 이미지이다. 우리가 아이들에게 남겨주기를 바라는 유산은 바로 이같은 자연이 아닐까?

이렇듯 우리 어른들의 역할은 우선적으로 우리의 아이들에게 외부 환경과 접촉시켜 '다시 생기를 불어넣어 주는 것'이다. 아이들에게 직접 자연 환경을 접촉할 수 있는 설원학교·초록학교와 기타 자연과 땅을 접촉할 수 있는 학교를 권장하는 것이다. 이렇게 아이들을 자연에 머무르게 하는 것은 교사가 전달해 준 추상적인 지식과 감각 경험 사이에서 연결 관계를 지니도록 자극하기 위함이다. 그렇다면 교사의 이중 직분을 독려하면서 교육과 실제적인 삶을 혼합시키는 것을 더욱 광

---

* 장 보드리야르, 《완전 범죄》, Galilée, p.76.

범위하게 고려할 수는 없는 것일까? 다시 말하면 과학대학의 교수는 동시에 연구자의 직분을 지니고 미술대학의 교수는 동시에 화가나 조각가 · 그래픽 아티스트 · 디자이너가 될 수는 없는 것일까?

이러한 시스템이 이루어져야 학교는 보다 널리 개방할 수 있고, 외부 현실과 관계를 맺고 있는 몇몇 부모들이 자신들의 열정과 숙련을 전달하러 올 수 있는 삶의 진정한 장소가 될 수 있는 것이다. 이렇게 되면 아이들의 자유 시간이 위에서 언급한 모든 종류의 활동에 바쳐지게 되는 일을 피하게 해주고, 아이들이 당하는 일상의 억압이 증대되는 일을 막을 수 있을 것이다. 여기서 아이들의 창의성은 부모의 일과보다 때로는 더 과한 시간표 내에서 결국은 의무적으로 강제하는 범주 내에 들어갈 것이다. 훗날 자신들에게 예정되어 있는 것에 대비하여 준비해야 하고, 여전히 절망적으로 달아나려고 시도하고 끊임없이 한탄하는 어른의 노동 시간과 여가 시간처럼, 자신들에게 이익이 되는 시간을 인식하는 것에 대비하여 준비해야 한다. 그러나 고전적인 규범에 따라 무의식적으로 우리가 감내해야만 하는 상황과 유사한 상황을 재현하려는 경향이 있고, 이 처지는 결국 자녀에게 전해지게 된다.

이때부터 이러한 전후 연결고리의 결여로 당황한 몇몇 아이들이 미래에 대하여 아무런 흥분도 안 생기는 상태를 모면하기 위해 모든 사정을 다 알고도 힘자라는 데까지 노력하기로 결정한 것은 새삼스러운 일이 아니다! 이같은 것은 학업에 어려움을 겪고 있는 청소년들에게 관련된 담론으로, 이들 자신들은 아주 가련하게 부모에게 설득당했다고 시인하는 것과는 달리, 그 부모들은 자녀들에게 소외된 삶의 모델을 따르도록 설득하는 노력이 좌절되었다고 생각하고 있는 경우가 많다.

생각과 꿈이라는 무제한의 영역으로 통하는 필요 불가결한 이 '시간

외 상태'는 시계에 의해 나누어진 시간의 절대 필요성에서 벗어날 수 있게 해준다. 따라서 '아무것도 하지 않는 시간'의 모든 개념을 배제하면서 이 양분된 리듬에 순응하는 일을 거부하는 것은 이해할 수 있다.

어른의 통제에서 벗어나 자신의 개인 시간을 가지려고 하는 아이의 타고난 성향을 존중하는 것은 본질적이다. 그것을 거스르는 것은 아이를 스스로 아무것도 할 수 없고 비판 정신과 창의력도 발전시킬 수 없는 빈약한 현실의 거울로 몰아넣는 일이다. 그렇다고 해서 아이에게 자유 시간을 주는 것을, 무관심한 상태로 방치하는 것과 결코 혼동해서는 안 된다. 어떠한 경우에도 자유 시간은 자신들의 요구를 들을 수 있는 시간을 마련해 달라고 하는 대화와 교환의 욕구를 가진 아이에 대해 어른들의 무관심으로 이끌어서는 안 된다. 아이의 호기심을 불러일으키거나 활력을 불어넣기 위해 주의를 기울이는 것은 부모가 수행해야 할 본질적인 역할이 되는 것이다. 아이들의 항변에 귀기울이지 않는 것은 부모들이 그들의 유년 시절을 빼앗아 갔다는 사실을 시인하는 것이다.

현실의 무게에 짓눌린 요즘 아이들은 과잉 자극의 대상이 됨에 따라 다시 문제를 제기할 능력이 없는 생활 양식에 투쟁하기보다는 자신이 피해를 보는 것에 맞추어 사는 게 더 편안하다는 의식에서 야기된 어른의 욕구불만을 만족시켜야 하는 임무를 지니고 있다. 우리 자신의 모습이기도 한 어른들은 당황한 모든 세대를 막다른 길로 몰아넣는 사회와 교육 체계와 관련된 여러 가지 요구 사항들을 지지해서는 안 된다. 이것을 두고 혹자들은 이상적인 '히피족'들의 세계로 돌아갈 것을 주장한다고 비난할지도 모른다. 내가 주장하는 바는 단지 아이들의 희망과 더욱 일치된 사회 안에 그들 자신이 머무르도록 돕자는 것이다. 그들을 위해 활기차고 창조적으로 사회에 기여할 필요성이 강요되고, 그들의 삶을 꽃피우고 성공할 수 있게 하기 위해 사회와 동떨어져서 지낸다는 것은 아무런 해결책을 가져다주지 못한다. 이후로 혹사당한 우리 아이들의 합법적인 반항을 지지하고 아이들과 함께 저항에 동참하는 것이기 때문이다. 무엇보다도 '고능률의 아이들'을 만들기를 바라는 사회의 목적에 따라 우리 아이들에게 사회의 도구가 되도록 강요해서는 안 된다.

3

꽉 찬 머리 혹은 비어 있는 머리

> "자신의 마음속에 품고 있지 않으면 어디에서고
> 시를 발견할 수 없다."
>
> 조제프 주베르

> "모든 아이들은 하나의 왕국이자 하나의 제국이
> 지요."
>
> 자크 브렐

　부모의 욕망에 순응하는 아이들은 동시에 노동의 과잉 가치화의 주요 기준을 이익성에 두는 시장에 자신을 파는 세상 변화의 총체에도 순응한다. 이러한 사실을 깨달은 후 아이들은 소비 대상이 되는 사람은 자신의 능력과 자질을 최고로 과시한 이력서를 통하여 스스로 완성되고 자신을 팔아야 하는 존재임을 인식한다.

　예전에는 온정주의 성향을 함축하고 있었던 '인사과장' 의 직분은 최근의 대세로는 인사관리 부장을 수행할 수 있는 양식으로 대치되는 조짐을 보이고 있다. 사람의 능력을 규정하기 위해 차원이란 용어를 도입하는 것은 이익이라는 강박 관념에 사로잡혀 인간을 탐색하고 관리하는 데 전념하는 사회를 상기시킨다. 직원들 자신도 기업과 사회를 위해 '고갈되지 않는 원천' 이 되고자 하는 것 같고, 이 원천은 우선 더 잘 관리하기 위해 평가하는 데 관련되고, 그 다음에는 경제 용어가 모든 일상 생활 영역에 스며들고 있는 오늘날 모든 것이 거래되는 데 관련된다.

이런 상황에서 일부 부모들이 가장 좋은 대우를 얻게 하기 위해 자녀들의 가치를 높이는 것만 생각한다는 것이 새삼스러운 일은 아니다. 이같은 문맥에서 자신의 자녀는 다른 아이들보다 더욱 능력을 갖추기 위해 아주 빨리 필요한 자질을 부여해야 하는 하나의 상품으로 동일시되는 것이다. 이후로 몽테뉴를 간직한 '잘 정돈된 생각을 하는 머리'가 아닌 오늘날 뭔지도 모를 '잡다한 것으로 꽉 찬 머리'로 요약되는 것이 아닌가? 의의 없이 수많은 인식과 정보로 아이들의 머리는 가득 차 있지만 텔레비전과 컴퓨터 게임을 통해 전파된 기교뿐인 짧은 지식일 수도 있는 사실을 간과해서는 안 된다.

텔레비전과 틀에 박힌 이미지

아이들의 창조적 잠재성을 '다 써버린 머리'*는 가장 많은 수의 사람들을 만족시키는 방식으로 매스 미디어에 의해 규정된 산물을 수동적으로 흡수하기 위해 사용된다. 텔레비전을 통해 아이들은 이렇게 이른 시기에 자신들을 매혹시키고 사로잡는 동시에 현실과 상상 사이의 허구의 세계 안에 고정시키는 만화영화, 광고, 모든 영역의 영화에 주입된다. 텔레비전은 "우리의 상상력을 빈약하게 만들어 세계를 바

---

* 자크 루보[프랑스 구조조의 시단의 거두이자 수학자]의 표현을 차용.

라보는 방식을 잊게 한다." 이밖에 이미지 상자 앞에서 여러 시간을 보내는 아이는 꿈의 대용품을 무조건적으로 경신하고 동시에 자신의 꿈꿀 수 있는 능력과 더 이상의 가능한 시간이 남아 있지 않은 자신의 역할을 형성하는 것에 대해서는 함구한다. 이러한 관점에서 텔레비전은 과장해서 벗어날 수 있다는 착각을 일으키게 하는 '파리 올가미' 처럼 '아이들의 덫'으로 정의될 수 있다!

실제로 미국에서는 슈퍼맨이나 배트맨처럼 공중으로 뛰어오르려다 죽는 아이들에 대해 의견이 분분하다. 혹은 프랑스에서는 컬트 영화 《그랑블루》의 주인공을 '모방해' 집안 욕조에서 호흡 정지의 한계를 실험하다가 질식사하는 젊은이들의 경우가 더욱 익숙한 광경일지 모른다.

'텔레비전을 탐식하는' 아이는 소통하는 방식을 잊어버린 한 세계, 특히 여기서 말은 토론이나 발견의 도구로 만들기 위해 교대되는 게 아니라 반소통을 대변하는 텔레비전에 그만큼 의존하는 세계에 고정된다. 그 세계에는 텔레비전이 평가할 수 없는 중요한 역할을 담당하는 세상에 문을 열 것을 제안하는 다른 영역이 있기 때문이다. (최대한의 도피와 최소한의 억압을 결합할 위험과 함께) 과거에 속하건 현재 당면한 사회이건 여러 다양한 사회를 비교하는 주제를 항상 바꾸는 방식으로 제시하는 현지 보고 기사 방송은 이러한 사실을 잘 보여준다. 실제로 텔레비전 매체는 잠재적으로 여전히 인식에 접근하고 비판 정신과 각자에 적합한 가치 기준에 따라 선택할 줄 아는 능력을 발전시키는 호기를 부여하는 특수 교육의 도구로 남아 있다.

오늘날 커뮤니케이션의 70퍼센트가 이미지를 통해 이루어진다는 점을 알 때 거기에는 몸서리쳐지는 것과 생각해 보아야 할 문제가 있는 것이고, 특히 미래의 텔레비전은 오락보다는 문화를 우선적으로 지향하는 프로그램이 더 많이 발전된다는 것에 희망을 갖는 편이 더 좋다라는 의식이 있다.

부각시킬 수만 있는 다양한 이미지 안에서 나오는 현재의 세계화는 글쓰기와 구어에 심각한 피해를 주고 있다. 현재의 아이들은 모두 자신들에게 강제된 하나의 이미지 모델에 종속되어 지금 이 말이 전달하는 모든 생각과 함께 말을 잃어 가고 있다. 예를 들어 이미지는 독서가 부여하는 자율성의 여백을 현저하게 감소시킨다. 책과 함께 아이는 단어를 매개체로 하여 자기 내면의 영화를 만들어 내는 자유를 간직한다. 이미 월트 디즈니의 만화영화를 본 아이가 어떻게 백설공주를 상상할 수 있겠는가? 이미지는 공상이 떠오르는 것을 갑자기 끊어 버리는 어떤 상황을 강요하면서 그 안에 있는 주제를 빈약하게 만든다. 이 같은 이유로 사람들은 자신이 좋아했던 어떤 소설의 이미지를 맞추는 것에서 자주 실망하는 것 아닌가?

쓰기의 습득과 일상적인 활동에서 드러나는 상투성은 이러한 경황을 입증한다. 텍스트 처리와 컴퓨터가 모니터를 이용하여 모든 사람들에게 동일하게 쓰는 것을 획일화할 때 개인의 글쓰기를 발전시키려고 애쓰는 것이 무슨 소용 있겠는가! 아이를 모든 기초적인 문법의 엄밀성에서 벗어나게 해주는 철자교정자에 대해서는 언급하지 말자……. 행동을 통제하는 데 효과적인 굵은 글씨체와 가는 글씨체의 연습은 이후로는 박물관으로 보내야 할 고리타분한 것이 되었고 완전히 서예 같은 예술의 한 분야가 되었다. 그러나 손으로 직접 쓴 글씨는 당시 자신의 기분을 드러낼 위험의 소지를 안고 있는 편지의 직접적인 흔적이 되는 매력을 간직하고 있다. 나는 컴퓨터로 친 모든 삭제 부분과 모든 독창성을 제외시킨 익명의 편지를 같은 감정으로 읽을 수 있다고 믿지 않는다. 이렇게 역설적으로 글쓰기는 지원자가 자신도 모르게 자신을 드러내는 자신의 내적 역할을 털어놓는 그 흔적으로, 갑자기 드러내는 지원자의 개성을 평가할 수 있는 직원 채용 서비스 이외에는 쓰임이 없다.

비디오 게임

과도한 일과표와 한가한 시간의 부재 상태에 있는 부모들이 비디오 게임에 대해서 무언의 허락을 내리는 상황을 비난하기는 어려운 일이다. 많은 수의 아이들이 '알차게 보내야 하는' 여러 시간을 집에서 홀로 지내는 것은 일상사가 되었다. 게다가 이러한 현상이 아주 다반사가 되어 버린 도시에서는 아이들에게 침투한 비디오 게임의 비율은 매우 높은 단계에 도달했다. 부모들이(엄마 혹은 아빠) 일을 마치고 집에 돌아올 때까지 (실제 게임 '중독'은 하루에 6시간까지 거기에 할애할 수 있다) 계속하여 아이를 사로잡는 이 비디오 게임기를 사주는 것에 대한 안일한 해결책을 어떻게 비난할 수 있겠는가? 부모에게 있어서 일상적인 문제는 게임하는 시간의 한계를 정해 주는 일일 것이다.

그러나 텔레비전처럼 비디오 게임이 아이를 수동적으로 만든다면 비디오 게임은 동시에 매우 현실적인 또 다른 위험을 내포하고 있다. 그러나 나는 여기서 이러한 종류의 게임이 초래할 수 있다고 여겨지는 간질 발작에 대한 논쟁을 언급하지는 않겠다. 대신 세상 · 삶 · 죽음을 알아 가는 시기에, 카드를 뒤섞고 현실 감각이 결핍된 게임에 얽매

이게 되는 상황에 놓여지는 아이들이 받게 되는 위험을 강조하고 싶다. 이에 대한 증거로 나는 할아버지의 죽음에 맞닥뜨리게 되는 한 아이가 갑자기 엄마에게 "게임에서 나오는 주인공은 목숨이 열 개가 넘는데 왜 할아버지는 목숨이 한 개밖에 없어요?"라고 묻는 이같은 반응의 징후를 들고자 한다.*

게다가 콘솔을 부여하는 체벌-보상 양상은 파블로프 이론과 거의 흡사한 것으로 아이에게 놀이에 대한 진정한 의존 관계를 형성한다. 아이의 마음속에 다시 시작하고픈 절대적인 욕구를 불러일으키기 위해 머리를 혼란스럽게 하는 음악과 비주얼 시스템을 도입하여 아이를 게임에 몰두하게 하는 이같은 게임 프로그래머는 착오를 일으켜서는 안 된다는 것을 언급해야 한다. 그리고 무한대의 소비 생산자에게 절대적인 보장을 해주려는 목적으로 '창조적인 놀이'와는 반대로 지속적인 욕구불만을 지속시키기 위해 미묘하게 프로그래밍된 비디오 게임은 그 누구에게도 결코 만족을 줄 수 없기에 아이는 다시 게임에 열중하게 된다.

게임 회사인 세가(Sega)의 유혹적인 슬로건인 "너보다 더 강하다"는 본보기가 되는 표제이다. 거기에는 타인들에 의해 그리고 자기를 위해 창안된 이 상상력에 아이는 더 이상 게임 없이는 살아갈 수 없다는 것이 암시되어 있다. 아이가 그 게임에서 '벗어나고자' 할 때조차도 아이가 게임보다 더 소중한 것을 지니고 있는 정신의 자유를 잃어버리는 지경에 이른다.

---

* 주느비에브 주르장상이 언급한 일화, in 《과학과 미시적인 삶》, n° 103, mars 1993. 안 피숑의 논문도 다양한 흥미로운 정보를 제공해 준다. 동시에 《과학과 미시적인 삶》, n° 110, novembre 1993도 참조할 것.

이외에도 비디오 게임을 통해 아이는 패배를 경험하게 된다. 게임 점수를 올릴 수만 있지 그 이상은 아무것도 없는 게임기에 대항하여 아이는 결코 완전히 이길 수 없기에 지속적인 실패를 깨닫게 된다. 아이는 이렇게 결국에는 파멸에 이르게 하고 항시 게임에서 지는 게 기정 사실화된 상황에서 이길 것이라고 믿으며, 이같이 되풀이되는 상태에 매우 이른 시기부터 빠져 들어가게 된다.

비디오 게임은 자신에 맞춘 내적 세계를 창조하여 자신을 되돌아보게 하는 현실과의 대면을 단절시켜 아이를 수동적인 상태로 만든다. 또한 게임은 아이에게서 육체의 자유로운 동작을 빼앗아 간다. 분명 아이가 움직이는 것을 볼 수 있지만 그 움직임은 단지 게임 양상에 따른 것으로, 거기에는 문자 그대로 아이는 예속된 상태이고 아이의 몸은 게임기에 따라 '원격 조종되는' 상태가 되는 것이다. 이 메말라 버린 모방 동작 안에서 아이는 자신의 기관을 더 이상 느끼지 못하게 되면서 자신의 감각과 개인 감정을 드러내는 능력을 잃어버리게 된다. 텔레비전과 마찬가지로 비디오 게임은 아이 자신이 창조한 모험의 세계로 떠날 때, 아이가 개발한 모험 세계와 아무런 연관성이 없는 게임을 할 때 나오는 음향 효과와 아이가 천편일률적인 의성어로 재생해 내는 음향 효과가 부여되면서 아이의 상상력을 결박한다(남자아이들이 놀이하면서 내는 사실과 다른 소리를 상기해 보자).

그러나 아이의 상상력에서 나온 다양한 생각들을 무한정 확장·적용시키는 그래픽 발명으로 이루어진 몇몇 소프트웨어 덕택에 컴퓨터의 올바른 사용법도 존재한다. 이에 반해 아이가 컴퓨터 게임이나 비디오 게임에 제한된다는 것은 모든 사람에게 동일한 세상과는 반대로, 유감스럽게도 아이의 미래의 행동을 결정지으면서 아이의 발전에 해를 끼칠 위험이 있는 세계가 아이에게 제시된다.

그렇기 때문에 비디오 게임의 의존은 그 자체로서 하나의 증상으로 여겨야 할 것 같다. 실지로 지속적으로 발전되는 상상력을 소유한 아이는 스스로 비디오 게임 사용과 텔레비전 시청을 제한하지 않는지에 대해 자문해 볼 수 있다. 건강이 나쁜 아이들이 홀로 있는 형태와 탈출 욕구를 추구하는 것과 달리, 균형잡힌 아이들은 비디오 게임에 '빠져든' 예가 드물게 나타난다는 점을 주시하고 싶다.

여기서 게임에 매우 의존적인 학생으로, 그가 다니는 학교에서 나에게 그 아이의 반사회적 행동을 이야기해 주었던 15세의 한 남학생을 언급하고자 한다. 그 아이에게 있어서 다른 사람들과 소통하는 것은 디스켓을 대여받을 때 교환되는 몇 마디 말로 제한되었다. 게임의 특성에 제한되는 설명 이외에는 어떤 주제도 그의 흥미를 끌지 못했고, 아마도 학급 친구들도 흥미를 갖지 않았을 것이다. 이 아이의 행동은 여러 시간을 게임 조작 콘솔에 머물러 있는 것 이외에는 일체 다른 활동을 가리게 될 정도로 차츰 강박 증세를 띠어 갔다.

하버드대학교 의과대학에서 발표한 유명한 보고서는 "전자망의 중독을 하나의 병리학으로 인정했다. 컴퓨터 사용자는 모니터 앞에서 보내는 시간이 갈수록 늘어나게 되면서 고립되고, 자신의 삶의 다른 양상을 망각하게 된다……. 컴퓨터 서비스는 의식을 지나치게 왜곡시킨 유사한 현실을 창안해 내었다."(《의학회지》, 1995년, 3월) 비디오 게임 콘솔은 아이에게 어른을 위한 전산망의 균형을 제공해 주는 것 같고, 그것은 현실 세계와 맞설 수 있고 다른 놀이에도 몰두할 수 있는 건강한 아이와는 달리 현실에서의 탈피를 필요로 하거나 매우 불안한 내면의 세계를 억제시킬 필요가 있는 허약한 아이를 의존적으로 만든다.

욕망은 책임감을 의식한 환경에 의해 유지되는 호기심과 개인적인 발견에 대한 노력을 거치는 것이기 때문에 욕구의 획일화는 욕망을 말살시킨다. 풍부한 내면 세계는 자율성과 개체의 심리−정서적인 균형을 보장한다. 그러나 비디오 게임 회사가 전념하는 것은 자사의 이익을 위한 매우 기이하고 위협적인 영역이다. 이렇게 아주 어린 나이부터 게임에 중독된 상태에 있는 아이는 우선 지속적으로 순응해 나갈 사회를 위해, 그 다음 단계는 기업을 위해 '우수한 시민'을 형성해 나가게 된다. 결국 게임 사용의 진입을 부여받은 것에 만족하고 있다는 착각을 하면서 안심하는 고분고분한 개체에 머무르게 되는 것이다. 이런 상태에 있는 아이는 정신적 균형을 잃은 상태에서 특히 가상의 세계를 신봉하게 하는 수많은 정보 소비와 일반적인 오락 기구에 쉽게 희생이 된다.

가상현실

역설적으로 현실이라는 이름의 상상의 세계에서 이루어지는 이같은 가상의 세계의 발명은 창조적인 꿈에 비해 분명히 실제적인 위험을 나타낸다. 주체가 포함되고 제 마음대로 변형시키는 가상의 세계는 관객−배우의 역할을 하는 개인이, 자신도 모르게 함정에 빠지게 되는 하나의 속임수이다. 사람들은 아직까지는 현실과 상상의 세계를 구분하고 그 한계를 조절할 수 있다. 하지만 얼마나 더 이 상태를 유지시킬 수 있을까? 이후로 "우리를 이미지 속으로 들어가게 하고, (…) 미래와 과거의 모든 환영을 제거시킨 전체적인 현실에 머무르게 하기를 원하는 세력의 실제의 체험(…)" 방식으로 이 두 세계 사이의 위험한 혼합을 별 차이 없이 강요하면서 이 새로운 활동이 우리를 침범할 때, 더 이상 현실과 가상의 세계를 구별할 수 없는 위험에 처하게 될 것이다.*

가상의 세계에 빠지는 것은 모든 것이 가능하고 이미지·소리·감각이 기교에 속하는 세계를 탐험하는 것으로, 광기에 인접한 후유증에 대한 무방비 상태의 허약한 정신으로 방치될 수 있는 실제적인 위협을 나타내는 것이다. 여기에 가상의 세계가 아이의 정신에 미치는 영향에 대한 문제점이 있는 것이다! '가상현실'의 형식은 그 자체에 실제의 존재를 지니고 있는 현실과 잠재적인 존재를 지니고 있는 가상의 세계는 실제적인 세계가 아니다라는 양면성을 구성하고 있다. 이 두 용어는 상반된 것을 나타낸다고 해도 과언이 아니다. 그러나 이 상반된 두 개념의 결합은 우연히 이루어진 산물이 아니라 '초인적인 능력을 부여받은 가상의 육체의 마술'을 통해 상상의 세계가 현실이 될 수도 있다는 것을 암시하는 모호함의 징후이다. 전문가들은 끊임없이 '하나 혹은 여러 가상의 세계를 위하여 자아의 온갖 격렬한 힘을 빼앗을 수도 있는'** 이같은 실행의 피해에 대해 경고하고 있다. 가상의 세계에 빠진 개개인은 무기력해지면서 본래의 한계와 금지로 환멸을 느낀 현실 세계에 재투자하기 위한 방법이 없는 상태에 놓여질 수 있는 것이다. 최악의 상태에 놓인 현실은 점차적으로 불신하게 되면서 중요성을 부여하지 않는 상태에 놓일 위험이 있다! 새롭게 등장한 '거짓의 파라다이스'는 꿈이 종종 실망의 원천이 되는 모든 욕구를 충족시켜

---

* 장 보드리야르, 《이미지의 힘》, Dunod, 1994, p.8.
** 장 보드리야르, 《완전 범죄》, *op. cit.*, p.64.

주기 때문이다.

그러나 모든 환상에 실체를 부여하고 독려하기에 자유방임적이라고 비난받는 텔레비전 매체는, 가상현실의 환상을 불러일으키는 불안정한 혼란 상태에 머물러 있다. 그 상황에서 "인간은 자신의 본질적인 존재를 믿는 것을 멈추고 가상의 실존, 대리에 의한 운명으로 자신을 결정한다."*

이미지라는 착각의 세계에 이미 깊이 빠져 버린 아이들이, 어떻게 후회 없이 아이들의 고지식함에 부여한 그 절대적인 권력에 환멸을 느끼지 않을 수 있겠는가? 자신의 욕구를 충족시키기 위해서는 자신의 수준에 맞는 상상의 대화자를 만들어 내는 것으로 충분하다! 이렇게 현실 자체보다 더 사실적이면서 결점 없는 절대적인 힘의 욕구를 반영하는 허구의 세계에 사로잡혀 아이는 배우가 되는 것이다. 현실을 통해 강제된 욕구불만은 이전 것보다 훨씬 견딜 수 없게 될 것이다. 이런 상황에서 매우 상반된 두 세계 사이의 중간 과정이 어떻게 형성될 수 있겠는가? 어떻게 교감 상태로 남아 있겠는가? 삶이 어려운 상황에 맞서 대항하면서 더욱 행복해질 수 있음을 상상한다는 것은 공상에 불과하다. 이러한 사실에서부터 허구로 도망친다는 것은 여전히 더욱 받아들일 수 없는 현실을 만드는 반대의 결과를 양산하는 것이다. 거기서 마약으로 인한 끔찍한 범죄가 발생하는 것은 당연지사가 아닐까?

반면에 현실에 맞서는 행위는 개개인에게 적합한 잠재력의 발견을 가능하게 해주고, 자신의 방식대로 세상의 변화에 동참하는 가능성을 열어 준다. 미래지향적이며 독창적 · 창조적인 상상의 세계로 도피하

---

* 장 보드리야르, 《완전 범죄》, *op. cit.*, p.64.

는 순간과 자아의 진실에 접근하는 시기가 일치하기 위해서는 그 대가를 지불하여야 한다. 절대적인 행복이 동화의 후일담에서만 존재하는 것이라면 실존에 의해 강제되는 욕구불만은 환상 안에서 하나의 배출구와 일시적인 해결책을 발견할 수 있다. 이러한 의미 안에서 우리 인간은 적당히 배합되고 통합된 공상이라는 절대적인 필요성을 지니고 있기 마련이다. 그 공상은 외부의 현실과 관련을 지니고 있지 않지만 반대로 외부 현실을 풍부하게 하는 데 기여할 것이다. 그리고 현실-공상이라는 이 상반된 세계가 상호간 양분을 취하는 범위 내에서 두 세계와의 '동거' 양태를 독려할 필요성이 제기되는 것 같다. 이같은 '결합'은 현실과 꿈 사이의 '혼합 상태'를 이루는 가상현실에 의해 야기된 혼란과는 그 양상이 다르다. 개개인의 독창적인 상상을 희생시켜 모든 사람들에게 하나의 동일한 세계를 창조하는 상상의 세계가 특정 부류의 특성이 되도록 방치해 두지 않는 게 급선무이다. 이같은 개인의 창조적인 잠재력을 보존하는 것은 모든 대가를 지불하고서라도 우선적으로 보호되어야 하는 것이다.

이러한 현상은 우리 아이들을 방치된 환상으로 인해 내면의 세계가 빈약한 고분고분한 존재로 만드는 데 일조한다. 그 대신 분명 다양한 감정을 보유하고는 있지만 그만큼 빈약하고 덧없는 수많은 이미지들의 형태 아래 더욱 거대해진 외부 세계가 도입된다. 이때 수많은 아이들은 더 이상 자신들이 느낀 경험에서 나온 세계를 그려낼 능력이 없지만 아이들에게 깊이 스며든 그랜다이저 같은 만화영화의 캐릭터는 재현한다. 이 시점에서 이러한 장면들은 종종 로봇의 공포 양상이나 혹은 과거의 흉악하고 친숙한 이미지의 늑대를 왕위에서 물러나게 하는 소설의 주인공으로 밤에 재연된다.

이에 대한 예로 한 소아과 의사가 나에게 상담치료를 의뢰했던 7세 전후의 남자아이의 경우를 살펴보고자 한다. 이 아이는 신체 기관에는 아무 이상이 없는데도 양손이 저리는 증세로 고통을 호소했다. 증상을 검사할 때에는 아무런 통증이 없는데도 어떤 때에는 밤낮을 가리지 않고 끊임없이 고통을 느꼈다. 상담을 시작한 지 얼마 지나지 않아 아이가 느끼는 고통의 원인이 공포 증세라는 사실을 알았다. 하루는 아이가 집에서 혼자 텔레비전을 보고 있을 때, 피로 뒤범벅된 채 조그마한 원탁에 놓인 잘려 나간 손 하나가 계속해서 움직이며 여러 가지 물건을 잡고 있는 영화의 한 장면에 깊은 인상을 받았다. 이 장면은 감정적이고 허약한 자아를 지니고 있지만 안정이 보장되지 않는 가정 환경에서 자라고 있는 이 아이에게는 통제 불가능한 심신증의 발병을 유발하기에 충분했다. 지나치게 현실적인 이미지와 환상 사이에서 의도적으로 끌어낸 이같은 혼란으로 환상을 품는 능력이 필수적인 요소가 되는 아이의 심리적인 균형이 위태롭게 되는 것은 피할 수 없는 사실이다.

공상의 금지

이미지는 공상을 죽인다. 미디어는 아이들의 창조적인 가능성을 파괴하고 상상의 산물을 규격화하면서 아이들의 공상 능력을 이렇게 가로챈다. 오늘날에는 고유의 의미와 비유적인 뜻으로 아이들을 양육하는 낙천적인 사회 안에서 공상의 패스트푸드의 창안에 동참한다. 이후로 폭력은 순화 과정을 거치지 않은 상태로 아이에게 강제된다. 이제는 더 이상 예전처럼 늑대의 공포 뒤에 자신의 공상이 잠복되어 있는 아이들 고유의 짜임새를 이룬 공포를 지니도록 내버려두지 않는다. 대신 조작된 공포의 중개로 모든 아이들에게 동일한 공상을 심어 주어 유순한 아이로 만든다!

이렇게 모든 아이들에게 동일한 공포심을 주는 만화 주인공으로 로봇이 등장하는 것이다. 늑대는 여전히 자연의 일부를 이루고 어른의 안심시키는 말 안에서 적은 분량의 역할을 맡는 특성을 부여잡고 있다. 어른들은 아이의 감정을 목격하는 것뿐 아니라, 어떤 것이건간에 예술적인 산물과 공상의 근원이 되는 상상의 세계에 안전한 발판을 제공하면서 아이와 어른이 공유하는 것을 알고 있다.

도처에서 마주치게 되는 산타클로스는 '공상을 방해하는 사람' 이 되고, 출산 순간에 설치된 비디오로 아이의 탄생을 찍는 오늘날 "공상은 어떻게 변화되어가야 하나"에 대해 자문하게 된다. 현상만은 꿈의 근사치를 희생시킨 현상의 진실과 구체성만을 헤아려야만 할 것 같다. 이런 상황에서 전 세계 누구에게나 존재하는 인간 품성의 전체를 이루는 부분인 공격성은 현실 영역으로 이동한다. 이 호전성의 환상을 품으면서 더 이상 호전성을 정비할 수 없지만 우리는 매일 일상 생활 안에서 절제 없이 그것을 표현한다. 수익성으로 표시되는 우리 사회 안에서 암암리에 강제되는 공상의 금지는, 현실 내에서 노골적이고 통제 없이 밖으로 표출되는 폭력을 조장하고 있다. 다른 것을 하기 위해 이같은 폭력을 승화시켜 주는 상상의 세계에 들어가는 것은 파괴적인 결과를 그만큼 제한하는 효과를 가져온다.

이렇게 창조하고 행동하는 것의 영향은 현대의 인간으로 하여금 과다 활동을 하게 만들고 인간의 본질로 규정되는 깊이 느끼고 영적인 것을 희생시켜 얻은 결과이다. 그러나 인간은 행동하는 것을 멈출 때 자기 내면의 공허감만 마주치게 되고, 그때 인간은 급작스럽게 모든 조치를 취하게 되며, 그리고는 낙담해서 우울증에 빠지게 된다.

이같은 모든 사실에 직면해서 개인적으로 다시 문제 제기를 하기보다는 사회를 비난하는 것이 더욱 손쉬운 방법이 될 것이다. 우리의 의무는 이러한 유형의 수많은 현상 앞에 굴복하는 게 아니다. 우리는 모든 대가를 지불하고서라도 아이들의 비판적 정신을 자극하고, 아이들의 창조력이 발전될 수 있도록 우리 아이들의 행동 양식을 변화시킬 수 있는 방법을 찾아야 하는 것이다. 우리와 마찬가지로 아이들 안에는 우리가 드러내야 할 의무가 있는 가늠할 수 없는 풍부한 자산이 있다. 오늘날 우리들은 이 거대한 도전에 응하라는 강요를 받고 있다.

II

꿈을 위한 자리

1
상상의 세계

"최상의 광기는 세상을 있는 그대로 보는 게 아니라 앞으로 만들어져야 할 세상을 보는 것이다."

자크 브렐

"난 상상의 세계에 잠시 머무른다."

레이몽 드보

언어 놀이

프랑신은 4세 여자아이로 최근 부모와 함께 이사했다. 프랑신의 가족은 파리 교외의 주택에서 파리의 한 아파트로 옮겼고, 이것은 프랑신을 화나게 한 것 같다.

파리로 이사하고 얼마 지나지 않아 프랑신은 부엌 식탁 밑에 자리를 잡고, 거기서 밥을 먹고 놀이를 하고 심지어 잠까지 잤다. 그녀는 자기가 좋아하는 물건들을 모두 거기에 옮겨 놓았고, 가족과의 유대를 끊고서는 이후로 완강하게 가족과 유대 관계를 형성하는 것을 거부했다. 그녀는 가상의 오리를 만들어 콩스탕탱이라는 이름을 붙여 주고 비밀이야기를 하는 절친한 친구로 삼았다.

이 아이의 부모는 적이 당황해서 나에게 상담을 의뢰하기로 결정했다. 아이를 봤을 때 걱정할 만큼 심리적인 고통 상태에 있는 것 같지는 않았으며 활달하고 개방적인 아이라는 인상을 받았다.

상담치료를 하는 동안 상담실에 있는 장난감 상자에서 아이는 가는 끈으로 고정시켜 연결된 두 개의 집을 선택했다. 나는 그것을 이용해 "아이가 아직 예전에 살던 집을 포기하지 않은 것과 이 모든 변화가 이사를 가는 게 삶에 많이 '결부된' 어린아이에게 있어서 아주 어려운 일이라는 것"을 알아내기 위해, 아이에게 네가 지닌 고충을 잘 이해하고 있다고 말했다. 프랑신은 자기 방식대로 부모님이 자신에게 강요하는 일을 거부한 것이고 "자신을 위한 집과 적어도 자기를 실망시킬 위험이 없는 새 친구인 오리 콩스탕탱을 고안해 낸 것이다."

내 말을 다 듣고 나서 프랑신은 심각하게 나를 보더니 마침내 기쁨에 가득 차서 내 말에 수긍했다. 그때 나는 이 아이에게 자신의 행동에 대한 이유를 부모님께 설명할 것을 제안했고, 아이는 어느 정도 누그러져서는 내 제안을 받아들였다.

보호 식탁 밑에 이 아이가 자리를 잡은 것은 부모와 이렇게 빨리 단절이 되지 않았던 과거의 상징적인 표현이다. 결정권을 갖지 못했던 프랑신은 새집에다 예전의 집을 재창조해 붙들어두는 방식으로 식탁 밑에 자리를 잡는 매개체를 생각해 내었다. 그것은 다른 것을 위해 또 다른 집을 부정하는 시간에 빠지기 위한 것이다. 이같이 불안정한 상황의 정돈 덕택에 별다른 큰 충격 없이 이사한 사실에 적응할 수 있었다.

이처럼 자신이 창안해 낸 기교와 이것의 도움이 없이는 필경 의기소침해질 게 분명한 그 기교를 고이 간직하는 것은 반드시 필요한 일이다. 이 경우에는 과거에 매여 있는 문제와 관련된 것이기에 새로 이사한 아파트가 예전에 살던 집보다 더 멋있고 편리하다는 것은 중요치 않다. 아이에게 예전에 살던 집을 단념하는 데 필요한 시간을 주고 함께 문제를 이해하고 나누는 것으로 충분하다. 아이가 알아듣도록 타이르는 데 드는 온갖 시도는 실패로 나타날 것이다. 어떤 면으로 보면 한 언어와 유사한 아이의 연출은 아이가 맞닥뜨린 난점을 명확하게 표현한 방식이라 할 수 있다. 그러나 프랑신의 부모는 이사하는 것을 아이에게 알리는 것에 대해 미리 대비했었지만, 아이가 필요로 하는 적응 시간이 어른의 시간과 많은 차이가 난다는 것은 미처 깨닫지 못한 것이다.

아이에게 있어서 시간은 매우 모호한 개념을 나타내는 것이고, 천천히 외부 세계의 지표에 통합될 때에만 시간을 지배할 수 있음을 의미하는 것이다. 점진적으로 환경에 적응해 나가는 것은 심리-정서의 균형에 좌우되고 아이의 기쁨을 보장하는 것이다.

놀이를 매개로 하여 자신의 어려움을 행동으로 옮겨 놓을 수 있는 행위는 프랑신이 한 세계와 다른 한 세계(과거와 미래 세계) 사이를 연결시킬 수 있도록 일조했다. 그의 부모는 안도하면서 자기 딸의 증상의 연기를 받아들였고, 보름간 지속된 딸의 연출을 지켜보았다. 왜냐하면 프랑신은 마침내 자신이 살던 예전 집을 부정하고 그녀가 행복한 생각을 지니고 있었던 창조적인 놀이를 매개체로 한 덕분에 새집에 투자하는 데 도달했기 때문이다.

그것은 놀이의 본질적인 기능 중 하나로 아이에게 자신의 정신 상태·욕구·생각·문제들을 표현할 수 있게 해준다. 그 안에서 아이가 느꼈던 장애나 고통 모든 것을 밖으로 표출시킬 수 있게 해주는 범위 내에서 놀이는 당연히 치료 기능을 지니고 있는 것이다. 따라서 놀이

는 아이의 환상을 비추고 자신을 괴롭히는 과도한 감정을 배출하게 해
준다.

내가 프랑신의 사례를 언급하는 이유는, 놀이라는 것이 얼마나 아이
가 현실에서 맞닥뜨리는 시련을 극복할 수 있도록 돕는 평가할 수 없
는 자원이 될 수 있는지를 나타내고자 함이다. 이외에도 아이들의 상
담치료를 할 때 사용되는 그림 놀이는 아이들 자신의 가장 은밀한 부
분인 가장 깊은 곳까지 접근하게 해주며, 이같은 언어 형태 이외에는
달리 표현할 방법이 없는 아이들에게 이것은 가장 적합한 치료 도구가
되는 것이다.

5년 6개월된 남자아이는 부모가 막 이혼한 즈음에 이미 한집에서
살기 시작한 새아빠가 될 사람과 엄마가 함께 동반하여 데려왔다.
반복되는 악몽에 시달린 아이는 더 이상 잠을 잘 수도 없는 상태였
다. 엄마에 따르면 니콜라는 아빠와 함께 방학을 보내고 매우 침울
해져 집에 돌아왔다. 이후로 아이는 완전히 자기 내면 세계에 침잠
했고, 학교에서도 집에서도 놀지를 않았다.

엄마는 아이의 아빠가 틀림없이 아들의 심리 상태를 황폐화시킨 원
인을 제공했을 거라고 생각했다. 엄마는 아이가 아빠 집에 있을 때 의
심이 갈 만한 우울증이 있었을 거라고 추측하면서 아빠가 '아이에게
난폭하게 대했을 거라고' 생각했다. 이어 그녀는 아이 아빠에게서 아
이를 데려와 양육할 권리를 가질 필요성을 확고히 하기 위해 자신의
변호사의 자문을 가져왔고, 그것은 심리치료 의사인 나는 아이의 대변
자 역할만 해야 되고 그 이상은 권한이 없다는 사실을 분명히 해두려

는 의지로 보였다.

부동의 자세로 아이는 눈썹 하나 까딱 않고 엄마가 나에게 설명하는 것을 듣고 있었다. 이같이 분쟁이 잦은 상황에서 '너무 많은 부분을' 끼어드는 것은 아닌가 하는 생각이 들 정도로 아이 엄마가 설명할 때 전 부분을 새아빠가 거들었다.

우선 나는 니콜라에게 원하는 대로 그림을 그리라고 제안했다. 아이는 크레용을 잡고 정신을 집중해서 이 연령대의 아이로서는 놀라울 정도로, 정확한 묘사로 베네치아 스타일의 매우 표정이 풍부한 마스크를 그리는 데 열중했다. 그림은 하나의 메시지를 나타낸다고 여기기에 아이의 그림을 보고 강한 호기심이 생긴 나는 엄마와 새아빠를 동반하지 않고 아이와만 면담할 것을 요청했고, 부모는 흔쾌히 승낙하면서 대기실로 갔다.

아이와 단둘이 있게 되자 니콜라가 그토록 화술이 풍부한데도 불구하고 엄마가 설명하는 동안 침묵을 지키고 있다는 것에 적이 당황한 나는, 니콜라에게 실지로 아빠 집에 더 이상 돌아가고 싶지 않은지를 물었다. 대답 대신 아이는 더 이상 말을 잇지 못하고 흐느껴 울기 시작했다.

아이의 비탄과 침묵 상태를 존중해, 나는 아이에게 아빠와 함께 나를 만나러 올 것을 제안하자 아이는 곧바로 눈물을 그치고 한결 누그러져서는 내 제안을 받아들였다. 나는 아이에게 방문카드를 주면서 아빠가 직접 나와 상담 예약을 하도록 아빠에게 드리라고 말했다.

내 제안에 엄마와 새아빠가 놀라면서 동의하지 않자, 나는 상담치료에는 항상 아이의 양친을 다 만나 봐야 한다는 것을 설명하면서 간청했다. 결국 엄마와 새아빠는 부득이 내 제안을 받아들였고, 니콜라는 진정되어 집으로 돌아갔다.

며칠 후 니콜라는 친아빠와 함께 치료를 받으러 왔다. 기쁨에 넘친 평온한 표정을 지으며 아이가 사무실에 들어왔을 때, 나는 처음 면담을 할 때와 너무 다른 모습에 놀랐다. 그때 마침내 일반 아이들이 그렇듯 아빠에게 매우 상냥하게 말하는 니콜라의 목소리를 들을 수 있었다. 아이와 결부된 만큼 그는 아버지의 권위를 잃을 위협으로 인해 걱정스럽고 격분한 상태에 있었다.

나는 두 사람에게 정서적인 관계와 분명한 공감을 유지해야 하는 필요성을 언급하면서 부자를 안심시켰다.

이 이야기의 결과가 내가 의도한 목적을 넘어서기에 여기서 중단해야겠다. 결국 이 이야기에 주목하는 것이 중요하다고 여겨지는 것은 이 아이가 그림을 통해 자신을 드러내려고 시도했던 메시지이다. '마스크'는 분명히 난폭한 반응을 나타낼 것이 두려워 미래의 새아빠에 대하여 자신의 진짜 감정을 '감추고자 하는' 욕구를 나타낸다. 나 역시 새아빠에게서 이 훌륭한 어린 소년의 아버지의 위치를 차지하고자 하는 분명한 욕구를 지니고 있다는 인상을 받았다. 아이의 어머니는 전 남편과의 남아 있는 문제를 해결하고 새 남편이 될 사람에 대한 아이의 욕구를 만족시키기 위해 무의식적으로 자신의 아들을 이용하고 있었다. 결국 마스크는 니콜라가 자신이 진심으로 느끼고 있는 것에 대해 침묵으로 일관해야만 하는 현실을 나에게 이해시키기 위해 자발적으로 사용한 상징을 구성한 것이다.

이 두 가지 임상 사례는 개개 아이들의 방식대로 놀이와 그림(진흙놀이), 이러한 것들이 아이에게 부여하는 창조적인 능력으로 이루어진 풍부한 어린아이의 교감 방식을 나타내는 것이다. 또한 이것들은 우리 같은 심리치료 의사들이 어려운 상황에 처해 있는 아이들을 도와줄 수 있는 주요 핵심을 구성하는 것이다. 이같은 표현 형태는 아이가 어른들에게 장려해 달라고 촉구하는 상상력과 자유의 권한의 버팀대이다.

그러나 창조적 능력의 토대는 인생의 맨 처음, 태어나면서부터 어머니와 맺게 되는 관계에서 기원을 찾을 수 있는 하나의 과정으로부터 시작된다.

상상을 위한 시간과 공간

이 상상의 과정을 위한 공간의 마련은 다음과 같이 도식화될 수 있다: "젖먹이에게 있어서 어머니와 아이는 일체를 이룹니다라고 조이스 맥 두갈은 적고 있다. 아이가 어머니 없이 살아남을 수 없다면 마찬가지로 아이는 어머니를 통해서만 심적으로 존재할 수 있는 것이다……. 아이는 오로지 자기 어머니를 위해서만 표현한 것을 나타내 보여준다. 아이 안에 잠재되어 있는 모든 것은 어머니 없이는 피어날 수도 조직될 수도 없다."*

결국 아이는 어머니가 즐거움으로 이끌어 가는 것에 좌우되고, 또한 상대적인 욕구불만의 영향으로 인한 분열에 좌우된다. 아이가 태어나고 초창기 몇 개월 동안 아이와 남편과 자신을 위해 충만된 어머니가

---

* 조이스 맥 두갈, 《비정상을 위한 옹호》, Gallimard, 1978, pp.64-65.

되고자 하는 욕구를 지니는 시기를 거치고 나면, 이후로 어머니는 아이의 요구에 응해 주기 위해 더 이상의 노력을 기울이지 않는 것은 당연하면서 불가피한 일이다. 이때 아이는 이미 경험했고 어머니에 의해 유도된 것을 자기 안에서 찾는다.

이렇게 갓난아이가 표현하는 욕구와 즉각적으로 표시하는 불만 사이에 상상하는 능력이 자리잡게 된다. 이같은 욕구의 전형은 배고픔으로 나타날 수도 있다. 이 허기가 즉각 충족되지 않는다면 아이는 욕구가 충만된 경험을 지니고 있는 어머니의 젖가슴이나 우유병을 상상하면서 욕구불만을 진정시키는 방법을 모색한다. 아이가 느낀 실망을 표현하는 분노는 자신의 기대를 충족시키기 위해 아이가 생각해 낸 이미지로 누그러질 수 있다. 그러나 어머니가 아이에게 젖을 주는 것을 지체할 때에는 아이가 만들어 낸 상상의 산물은 자신의 몸이 느끼는 결과를 따르지 않고, 아이의 분노는 다시 나타나게 된다.

신생아의 욕구가 매우 빠르게 충족된다면 아이가 수유의 지체를 견디고 초조함을 누그러뜨리기 위해 상상에 의존한 해결책을 거의 찾지 않게 되는 것은 당연한 일이다. 아이의 욕구를 지나치게 빨리 만족시켜 주는 것은 아이의 능력을 개발하고 발전시키는 데 저해 요인이 되는 것이다. 다양한 상관된 결핍 상황의 반복되는 경험 안에서 욕구가 되살아나고 상상력이 자리잡게 되기 때문이다. 따라서 아이에게 상상 능력을 끌어내기 위해 필요한 시간과 공간에 대한 여지를 주는 것은 바람직한 일이다.

의미를 더 확장하면 어떤 욕구불만 정도를 용납할 수 있는 아이의 능력은 실제로 아이에게 자신의 미래의 삶을 위해 반드시 있어야 할 일종의 보상 장치인, 자신의 내면 세계 안에 이미지를 창안해 낼 수 있는 특별한 능력을 점차적으로 자리잡게 해준다.

　이같은 욕구불만의 순간에는 거기에 대해 상호간 책임이 있는 아이와 어른 간에는 필연적으로 긴장 상태가 만들어지고, 이제 이 두 사람은 너무 많이 근심하지 않고 이겨내야만 하는 것이다. 우리가 알아내야 하고 앞으로 시행해야 하는 교육을 위해 욕구불만의 부재와 과잉 욕구불만 간에 올바른 조치를 알아내야 한다. 부분적으로 이 미묘한 균형 안에서 개인의 상상력은 변화를 거치면서 뿌리내리는 것이다.

치료 요법으로서의 꿈

　프로이트는 "생각은 현실에서의 경험의 속성을 지닌 위험에 맞섬 없이 무한한 가능성을 개발시키게 하는 도구이다"라는 사실을 상기시켰다. 프로이트는 '대부분의 욕구'를 희생시키고 '불필요하고 해로운 것을 포함한 모든 것을 거리낌없이 꽃피우는' 상상이 드러내는 '자연적 영역'의 경제적 기능을 강조했다.* 이것은 최소한의 인간 생명의 일부를 이루고 있는 꿈꾸는 능력의 기본 기능의 한 가지이다.

　인간은 많은 부분이 반드시 실현될 수 없는 다양한 성향으로 규정된다. 이렇게 꿈을 품는 계획들은 현실과 그 한계에 의해 가해지는 욕구불만의 주제에서 벗어나 아무 구속 없이 상상의 영역에서 표현된다. '꿈'이라는 단어는 방랑자를 의미하는 esvo에서 왔고, 그 의미로부터 '영혼의 방황'이라는 뜻이 되었다. 꿈은 인간 관계 속에서 발생하는

---

* 지크문트 프로이트, 《정신분석 입문》, PUF, p.351.

욕구불만으로 비롯된 넘쳐나는 근심의 배출구 역할을 한다. 이 모든 갈등 상황은 여러 장면이 위험 없이 재연될 수 있는 이 심리 공간 안에서 표현되고 면할 수 있다. 우리 삶 안에는 얼마나 많은 갈등들이 해결되지 못하고 있는가?

이렇게 상상은 가능한 현실의 다양한 양상을 연출하게 해준다. 상상의 세계는 개인에게 시간과 공간에 투영될 수 있는 가능성을 부여한다. 르네 샤르[1907-1988, 프랑스 초현실주의 · 레지스탕스 시인]는 상상력에 대해 모호하게 언급한 바 있다. "상상력은 결과 이전에…… 이미 현실이다." 실제로 이 환상의 세계는 허위의 세계가 아니라 오히려 진실의 세계이다! "내가 존재하는 것과 관련하여 내가 존재하기를 원하는 것의" 역량을 보여주기 때문이다.

이러한 의미 안에서 상상력은 삶의 경제의 부분을 이루고 있다. 상상 덕분에 인간은 환상 형식 아래 자신에게 일어난 다양한 시나리오의 가능성을 모두 평가하면서 에너지를 간직할 수 있게 된다. 우리는 인생에 의미를 변화시키고 부여하는 동시에 우리가 마주치는 난점들에 대한 해결책을 발견하는 것이다. 거기서 우리의 행동 욕구를 자극시키기 위해 필요 불가결한 우리들의 내면적인 안전이 점차적으로 구성되는 것이다.

아이에게 있어서 이성의 접근이 점진적으로 이루어지다가 오랜 시기 동안 이성에 대한 접근이 차단된다. 상상과 꿈의 매개체로 아이는 산만하게, 때로는 강렬하게 느끼는 근심을 극복할 수 있다. 그리고 아이에게 있어 진정한 언어의 의미를 지니는 놀이와 그림처럼 무작위성 놀이를 실행하는 것 이외에는 다른 방법이 없기에, 아이는 이를 통해 근심 걱정들을 표현하는 것이다.

놀이의 존중

어른들은 얼마만큼은 아이들의 상상의 놀이가 아이들에게 하나의
자원이자 가장 집중해서 전념하는 것임을 인정한다. 안락의자 뒤에
작은 장난감 기차를 지나가지 못하게 하려는 집중과 곰인형이나 자신
의 인형을 산책시키고자 하는 아이는 얼마나 진지한가! 자신의 기억
속에서 오후 내내 놀이를 하면서 보낸 기억이 없는 사람과 경이로운
세계에서 부모의 침입을 나타내는 비극은 현실로 돌아왔을 때의 동의
어가 되는 것이다.

자신의 방에서 한 여자친구와 놀고 있었던 7세의 여자아이의 이와
같은 이야기가 생각난다. 친구와 온 정신을 집중하여 대화를 나누고
있었던 이 아이는 체조 수업에 두 아이를 데려가려고 엄마가 방에 들
어오는 소리도 거의 듣지 못했다. 시간이 가는 줄도 모르고 아이들이
계속해서 놀이를 했다는 것은, 엄마가 두 명의 여자아이들에게는 중요
한 행동을 중단시키지 않고 놀게 했기 때문이다. 엄마는 그만큼 특권
이 있는 놀이 순간을 멈출 수 있도록 아이들이 놀이에서 집중력이 약
간 떨어지기를 기다렸다. 딸아이의 친구는 자기 엄마는 '전혀 할 수 없
는 능력'을 지닌 친구 엄마의 배려심에 깊은 인상을 받았다고 확신에
차서 언급했다.

이같은 부모의 주의 깊은 배려 안에서 부모-아이 관계가 형성되고,
정확하게는 이 안에서 부모-아이 관계는 존경과 애정 형태를 인식할
수 있게 되는 것이다. 아이의 유희의 순간을 깨뜨리는 것은 부모의 역
할에서 은폐된 호전성과 유사해지는 것이기 때문이다. 따라서 아이의

놀이를 존중하는 것은 바로 아이에게 있어서 아이들이 느끼는 바를 본질적으로 표현하는 것에 중요성을 부여하는 일이라 할 수 있다.

놀이의 기능과 상상의 산물

놀이는 아이에게 더욱 진취적인 모험을 하고 자연적인 호기심을 채우기 위해 새로운 개념을 경험하는 방법을 부여하면서 행동할 수 있게 해주는 보편적인 활동이다.

놀이는 또한 어른과 관계를 맺고 있는 열등한 상황에서 벗어나고픈 아이에게 자기 도취적인 보상을 부여한다. 놀이를 한다는 것은 마찬가지로 '어른들이 하는 것을' 재현하는 것이고 미래의 자신의 모습을 투영하는 것이다. "너는 아빠가 될 것이고 나는 엄마나 선생님이 되어 있을 것이다……"라고 말하는 것은 어른과의 관계를 더 많이 조절할 수 있는 미래의 자신의 인생에 대해서 그만큼 관심을 갖는 행위라 할 수 있다. 동시에 놀이는 요정이나 사자 같은 전지전능한 역할을 부여할 가능성을 나타내는 것이다. 그래서 아이에게 탐색해야 할 인물에 대한 무제한의 범위를 부여하는 서로 조화를 이루지 못하는 여러 벌의 의복과 이상한 모양의 액세서리로 가득 찬 가장복 가방에 대한 흥미를 나타내는 것이다. 거기서 미래의 자기 모습의 기준을 제 것으로 삼고 창조하면서 아이는 자신의 모습과 닮지 않은 것을 제거시킬 수 있고, 자신의 마음에 드는 것을 보존한다. 결국 아이는 자신의 환상의 능력이 전개되는 이 놀이 공간 안에서 스스로 생각해 낸 자유의 경험을 하는 것이다.

주체가 외부 현실에 적응하는 것과 관련된 진지한 활동에 비하여 공상은 종종 하찮은 심심풀이로 간주된다. 그러나 놀이와 상상의 결합은 아이에게 무의미한 동기 없는 활동과는 달리 심리적인 조합을 하도록 만든다. 놀이의 반대는 진지한 것이 아니라 현실인 것이다.

실제로 아주 어린 나이에서부터 아이는 상상 활동의 발전에 알맞은 유희 활동을 매개체로 하여 자신과 주위 환경을 통제하기에 이른다. 이렇게 놀이는 아이의 주관적 세계와 객관적 현실 간의 변화되는 기능을 보장한다. 놀이는 아이가 '괴로운 현실'에 적응할 수 있도록 도와준다. 놀이를 하면서 아이는 자신을 형성해 간다. 그 놀이 속에서 아이가 타인과 자신의 주위 환경과 점차적으로 더욱 복잡해지는 교환 관계를 맺을 수 있는 연속적인 역할들을 경험하게 되기 때문이다.

마찬가지로 자신의 모습을 깨닫게 해주고 자신감을 얻게 해주는 놀이 안에서의 활동을 통하여 자신의 잠재력을 측정한다.

공상을 지니는 것은 욕구를 표명하는 데 도움이 된다. 놀이는 숙고하고 다시 공상하는 것을 경험하게 해준다. 그렇다고 해서 이러한 경험들이 매번 새로운 혼란을 유발하기 위해서 동원될 수는 없다. 놀이는 아이를 길들이고, 환경의 통제를 확장하고 강화하기 위해 아이에게 세계의 질서에 맞게 다시 행동하게 한다. 놀이를 하면서 아이는 자신의 무의식적인 욕망을 발견하고 표현하지만, 동시에 아이는 자신이 경험한 여러 가지 욕구불만에서 벗어나게 되는 것이다. 그때 아이는 다양한 시나리오와 자신의 무의식적인 체험에 대한 표현을 실행하게 해주는 허구 속에서 욕구불만에 대한 놀이를 하면서 다른 방식으로 욕구불만을 극복하는 것이다. 일관된 조처 없이 자신이 받은 꾸지람으로 인형을 여러 번 바로잡아 주는 이 7세의 여자아이는 별개의 행동을 한

게 아니다.

놀이는 아이가 자신의 내면 현실에서 빼올 수 있는 것을 사용하는 물건이나 외부 현실의 부분을 이루고 있는 현상을 사용한다. 놀이가 은밀해질 때 아이는 독립적인 사고 활동으로 바꾸어 놀이에 환상을 부여하는 능력을 만들어 낸다. "행위는 이미 아이들의 놀이와 함께 시작되는 환상의 창조물로 칭하고, 그 창조물이 낮 동안의 공상 형태로 계속될 때 그 행위는 실제적인 대상에 의지하는 것을 멈추게 된다"고 프로이트는 언급했다.*

동 화

마찬가지로 이 내면의 공간 안에서는 어른들이 들려 주는 신비한 이야기들 사이에서 아이의 공상 능력이 전개된다. 이야기는 모든 아이들에게 죄의식을 느끼지 않고 스스로 이야기를 연출할 수 있는 것에 편안함을 느끼면서 자신의 공상을 발견하는 가능성을 부여해 준다. 이때 아이들이 같은 이야기를 여러 번 반복해 듣는 것에 싫증을 느끼지 않고 끝없는 즐거움의 원천을 발견하는 것은 당연한 일이다. 이야기는 모든 것이 변화되는 과정에 있는 아동에게 상상력을 공급해 주기 때문이다. 자신의 이야기를 통해서 "아이는 상징적인 방식으로 어떤 전투 종류를 불러일으키고, 아이에게 좋은 결과를 보장하면서 실현되기 위

---

* 지크문트 프로이트, 《결과, 사상, 문제》, *Œuvres*, tome I, PUF, 1988, pp.138-139.

해 내맡겨야만 한다는 것을 암시한다.” 이러한 관점에서 동화는 아이의 의식과 무의식을 쉽게 파악할 수 있고 자신의 개성을 발전시키는 것을 독려하는 견지에서 아이에게 안내 역할을 한다고 할 수 있다.

그러나 아이의 상상을 풍부하게 해주는 역할을 하는 것은 소수의 책뿐이고 대부분의 책들은 현실을 반영하는 수준에 그치고 만다. 오늘날 출간되는 책들은 현실에 너무 밀착되어 있어서, 아이들이 내적 갈등에 맞서고 때로는 격렬한 감정을 추스르는 데에는 별 도움을 주지 못한다.

종종 아이들은 근심·두려움·포기 같은 단어로 표현하기 어려운 감정들이 폭발하는 것을 경험하게 된다. 아이는 부모가 이해하기 어렵고 비극적인 상황으로 몰고 가지 않는 데 그치는 간접적인 수단을 사용하여 이같은 감정들을 표현한다. 그러나 동화는 이야기를 듣고 있는 아이의 힘이 미치는 범위 내에 반드시 있어야 한다고 강제하지 않고, 그렇다고 해서 이성적으로 표현해야 한다는 부담감이 없이 이러한 근심 상황들을 매우 진지하게 다루고 있다.

대다수의 부모들은 동화 속에 포함된 환상들이 고지식한 아이들이 현실을 은폐할까 봐 두려워하지만, 오히려 아이들은 점차적으로 현실과 상상을 고려하는 것을 배운다. 자신이 겪고 있는 어려운 일이나 깊은 감정들을 언급하는 여러 상황들을 이야기하면서, 그 안에서 아이는 인정하고 자신이 이해했다는 것을 느끼며 실제적인 위안을 경험하게 되는 것이다.

이에 대한 예로 잠시 놀러 갔던 할머니 집에다 자신이 좋아하는 곰인형을 놔두고 온 3세의 남자아이 사례를 들어 보겠다. 아이가 그 인형 없이는 절대 잠을 자지 못하고 별안간 울음을 터뜨리는 일이 잦아지자 아이의 엄마는 할머니에게 곰인형을 다시 가져다 달라고 부탁했다. 할머니는 집에 와서 아이의 눈에 띄지 않게 아이 방문 앞에 곰인형을 놓아두고 아이가 혼자 방문 앞에서 곰인형을 발견하고 놀라게 했다. 그 순간에 할머니가 나타나서 다음과 같은 이야기를 손자에게 해주었다. "밤이 되어서 네 곰인형이 네가 없다는 것을 알고서 매우 불행해져서 너를 보기를 간절히 바랐고 너한테 데려다 달라고 할머니를 졸랐단다. 그래서 곰인형이 운전을 하고 길을 따라 온 거란다. 인형은 집으로 오는 길을 다 외웠기에 길을 물어보지도 않고 혼자 찾아왔지! 인형은 승강기의 버튼을 눌러 올라왔고 지금 너를 다시 만나게 되어서 너무 기쁘단다."

이 할머니는 3세의 손자를 위해 즉각적으로 훌륭한 이야기를 지어냈고, 이것은 할머니의 크나큰 직관력을 입증하는 것이다. 그녀는 어린 손자에게 인형과 동일시하게 했고, 할머니가 인형을 아이에게 갖다 주려고 아이 집에 온 것에 대한 죄책감에 맞서지 않아도 되게 해주었다. 인형을 잃어버린 슬픔에 머무르는 대신 이야기는 한 편의 즐거운 일화로 변했고, 아이의 어머니는 아이가 여전히 그때 일을 추억하는 것을 좋아한다고 말해 주었다. 부모는 스스로 아이의 근심을 덜어주고, 더 나아가 아이가 상상력을 키우는 데 많은 자극을 주는 이야기를 지어내는 것을 주저해서는 안 된다. 또한 다른 한편으로 예측할 수 없는 것과 마주 대하고 비극적인 상황으로 빠지지 않게 하는 방식으로 이야기를 지어내야 한다.

동화는 아이가 제기하는 본질적인 문제에 한 형태를 제시해 주기 때문이다. 그 동화 속 인물들에 자신을 동일시하면서 아이는 거의 보편적인 근심에 대한 해결책을 발견하는 것이다. 예로 '금귀고리' 이야기를 통해 아이는 개개인이 가정 안에서 어떤 위치를 차지하고 있고 자기 가족과 다른 것에는 책임질 필요가 없다는 사실을 발견하게 되는 것이다.

동시에 아이는 어떤 근본적인 가치를 습득할 수도 있다. 《아기 돼지 세 마리》*의 원판은 노력과 완고함 이외에는 다른 가치를 전달해 주지 못하고 샤를 페로가 쓴 《빨간 모자》에는 늑대에게 잡아먹혀 탈출하지 못한 것으로 끝나고 있다. 빨간 모자는 엄마의 말을 듣지 않고 지름길로 걸어가 벌을 받은 것이다.

필연적으로 한정된 실제의 자신의 역할과는 다른 역할에 투영되면서, 아이는 현실의 무게에서 벗어날 수 있고 두려움과 맞서야만 하는 다양한 감정들에 대한 해결책을 찾게 되는 것이다. 이렇게 아이는 무서움을 줄 수 있는 인물의 역할을 맡으면서 종종 이야기에 등장하는 불쾌한 인물 역을 맡는 것을 선택하는데, 이것은 심리-정서적 균형의 신호로 이해할 수 있다. 이야기가 무서울수록 아이는 더 많이 즐거움을 느낀다! 그리고는 아이는 아무도 궁지에서 빠져나올 수 없거나 …… 비극이 일어났을 때 꼭두각시가 하는 것에 큰 즐거움을 느끼는 새로운 버전의 이야기를 해달라고 조른다……. 동일한 이야기를 들으면서 무한정 즐거워하고, 아이는 자신이 품은 공포심을 더 극대화하면서 자신의 근심을 몰아내고 통제하는 것을 습득하게 된다.

이러한 시점에서는 현재 미국에서 맹위를 떨치고 있는 정책적인 체벌 경향은 아이를 위한 동화를 침범하는 데까지 이르러 심히 염려되는 상황으로 보인다. 전통적인 동화의 새로운 버전은 이렇게 모든 폭력을

---

* 《아기 돼지 세 마리의 진짜 이야기》, Folio-Benjamin.

체계적으로 제거시키면서 태어나게 되었다. 이야기를 부드럽게 전개시킴으로써 이같은 동향은 폭력을 근절시켰다고 생각하지만 이는 폭력이 인간 존재에 내재되어 있다는 사실을 간과하는 것으로, 이야기에서 폭력을 제거한다고 해서 폭력이 사라지는 게 아니라 오히려 확장되고 있는 것이다. 허구의 세계에서 더 이상의 배출구가 없을 때 폭력이 어떤 상황으로 진전되는지는 명백한 사실이기 때문이다.

폭력을 억누르기

어른들은 모든 대가를 지불하고서라도 아이들을 보호하기를 바라면서 아이들로부터 상상 속에서 밖으로 표출시킬 수 없는 매우 현실적인 본능들을 공상으로 표현할 기회를 제거한다. 이것은 미국의 새로운 재앙으로 대두되고 있는 것으로 현실 안에서 한계를 정하지 않고 행해질 위험이 있는 상태에 처하게 된다.

집 안에 있는 모든 것을 부수는 유감스러운 성향을 지닌, 그야말로 '난폭한 아이'라는 생각이 드는 8세 남자아이의 사례를 소개하고자 한다. 면담을 통해서 나는 이 아이가 친구 집에 갔을 때 친구가 기꺼이 빌려 주었던 조로 비디오테이프를 가져오고 싶어했다는 것을 알 수 있었다. 그러나 아이를 데리러 간 아버지는 아이가 '너무 난폭하다라는' 구실로 테이프를 빌리지 못하게 하였다. 이 아이는 아버지의 이름으로 이루어진 이같은 무의식적인 억압을 받아들였고, 이 억압은 아이 집에서 규칙적인 반항심과 모든 것을 부수고 싶다는 욕구만을 불러일으켰다.

이 경우는 잔인한 표현을 써서 능란한 솜씨를 겨루는 수많은 영화 제작자들이 감정 없이 하듯 폭력을 고취시키는 것에 관련된 게 아니라, 모든 인간과 생존 조건에조차 내재되어 있는 공격적인 공상에서 벗어나고 오히려 개작된 허구를 통해 아이에게 폭력의 한계를 정하는 것에 관련된다. 개개인의 존재 속성인 공격성을 부정한다는 것은 역설적으로 장기적으로 폭력을 독려한다는 사실은 명백하다.

아이의 유희적인 상상 덕분에 아이의 실존은 아이가 스스로 방어 능력을 만들어 내면서, 가공적으로 다른 사람이 되기 위해서 아이에게 주어진 편협한 한계를 벗어날 수 있게 해주어 언제든지 결합이 가능한 넓은 범위로 열리는 것이다. 이렇게 자신의 새로운 힘을 믿고 아이는 두려움 없이 "나는 마술사다!" 혹은 "나는 조로다!" 같은 황당한 말을 하면서 어른에게 도전할 수 있게 되는 것이다. 놀이와 상상은 본질적으로 건설적인 기능을 함유하고 있다는 사실을 알게 된다.

부모의 우선적인 역할은 아이의 공격성을 순화시키는 놀이 안에서 매우 잘 표현되는 아이의 정서적 능력을 발견해서 발달시키는 것이 아닌가? 이렇게 다양한 감정의 공통 사항을 설정하여 정서의 무한정한 범위를 공유하고 동일시하는 천품을 뿌리박게 해주는 것이 아닌가? 이같은 깨우침만이 자신과 외부 세계를 나타내는 타인을 인식하는 길을 열어 주는 것이다.

정서를 공유하는 것

아이의 마음속에서 육체를 구성하는 여러 가지 감각의 총체, 즉 촉

각·미각·청각·시각 등 모든 교환 영역의 발달을 권장하는 이같은 습득의 목적은 놀라운 것임을 알게 될 것이다. 이같은 감각들은 우선 그것을 지명하여 부르는 어머니를 통해 간접적으로 느끼는 지각과 마찬가지로 아이에게 언어의 통로를 열어 주고, 자신의 생각을 구성하는 방법을 전달해 주어 상징적 표현에 도달하게 해준다.

이같은 역할은 의심할 여지없이 아이의 첫번째 교환을 자극하는 우선적인 방식이면서 어른과 아이 간의 만남을 자연스럽게 유도한다. 이 방식은 어른이 아이에게 무한한 표현을 할 수 있는 가능성을 열어 주어 아이가 자발적으로 감각을 깨우치고 자신이 받은 인상을 해석하도록 이끄는 것이다. 거기서 아이는 놀이는 꿈을 창조하고 꿈은 놀이를 창안해 내는 범위에서 자신의 방식을 사용하고 풍성하게 한다.

어느 가을날 공원 산책중에 부채꼴 은행잎이 황금빛으로 치장된 ‘40년생’ 거대한 은행나무를 관찰하다 우연히 내 시야에 들어온 모자가 있었다. 5세 가량의 남자아이에게 엄마는 이 은행나무는 세계에서 가장 견고하다는 명성을 얻고 있음을 설명하고 양팔로 나무 허리를 안으면 아이에게 나무의 힘이 배어들 것임을 말해 주었다……. 그러자 아이는 눈을 반짝이면서 자그마한 팔로 다 품지 못하는 나무 허리 껴안기를 시도했다. 이 행복한 정경 속에서 아이는 자신이 비밀을 간직하고 있었다는 것을 엄마에게 이야기를 하고, 엄마와 함께 은행잎을 가져가서는 들뜬 마음으로 소중히 모아온 나뭇잎 채집을 만들었을 것이다. 세상의 단 하나의 나무만이 황금잎을 생산해 낸다! 그리고 아이는 자신의 소중한 기념품을 오래 보관하기 위해서 책가방 주머니에 넣어 두어야 한다는 사실을 확신할 것이다.

진정한 깨우침은 아이가 처음으로 표현할 수 있는 감각의 영역과 함께 가족 안에서 한꺼번에 드러나지 않고 서서히 조우하게 된다. 모든 아이들은 타고난 놀라운 감각과 어린 나이부터 풍부한 상상력을 갖추고 자유롭게 여러 가지 상황을 흉내낼 수 있는 놀이에 참여할 준비가 되어 있다. "그 당시 우리 가족은 마법사 가족이었고, 나는 마법사 엄마고 너는 마법사 아빠야……." 반면 어른들은 한 상황의 진지한 것을 강조하기 위해 "놀이 규칙을 따른다"라는 표현을 규칙적으로 사용하지 않는다. 마찬가지로 부모-자식 간의 유희적인 교환의 경험의 성공은 타인과 소통하고 자신들의 놀이와 일을 공유하는 데 있어서 차후로 편안함을 느끼는가에 달려 있게 된다. 마찬가지로 이러한 교환은 사회생활을 위한 진정한 '수단'이 되는 것이다.

아이가 놀이에 다양한 응용을 가한다는 사실은 이같은 활동이 얼마나 건설적인가를 증명하는 것이다. 이 놀이 활동은 실제로 아이가 차후로 발전하는 데 기초를 설정해 준다. 이러한 의미에서 모든 놀이에는 다 그만한 동기가 있는 것이고, 이같은 놀이는 아이에게 있어 우리 어른들에게는 종종 알려지지 않고 감추는 풍부한 상징을 드러내는 것이라 할 수 있다. 따라서 놀이는 무한한 창조적 잠재성을 지니고 있는 아이 자신에게는 완전한 표현 방식이 되는 것이다. 또한 아주 보잘것 없는 물건들에게도 하나의 감각과 어떤 성질을 부여하는 능력이 있는 아이는 자신이 느낀 모든 감정을 놀이를 통해 투영한다. 감자퓌레에 아이는 눈으로 덮인 들판을 만들어 낼 것이고, 브로콜리에다는 나무를 그리고 스파게티 요리에는 지렁이들이 개최하는 국제회의의 모습을 만들어 내는 것이다…!

이렇게 특정 물건에 상관없이 아이는 일정한 형태가 없는 곰인형을 무어라 말할 수 없는 색상의 걸레로 대체할 수 있고, 어디든지 데리고 다니는 친구로 만들 수도 있으며, 그것의 파손 상태에 대해 개의치 않는다. 여기서 중요한 것은 아이는 그 대상에 부여한 정서적 가치를 지니고 있는 것이다. 이렇게 '변화된 대상'은 아이에게 엄마와 항시 연결되어 있다는 안도감을 부여하고, 그것은 안도감 자체의 상징적인 부분이 된다.

따라서 아이에게는 매우 단순하고 아이의 공상을 반영하는 데 토대가 되는 유리한 장난감을 아이가 선택토록 하는 것이 그 무엇보다도 필요하다. 이같은 자유는 부모가 아이의 창조성을 표현하거나 아이가 맞닥뜨린 어려운 점을 해결하기 위한 노력으로서, 자식을 계발하려는 시도에 유리한 조건을 형성하면서 아이에게 마땅히 독려해야 하는 것이다.

어떤 부모들은 상상 놀이나 요술 놀이를 현실과 단절된 놀이로 여겨 그 놀이를 제한하려고 한다. 그러나 전혀 그렇지 않다. 이러한 놀이는 반대로 아이가 생각해 낸 공상과 조금씩 자신에게 강요되는 현실의 비교를 통해 자신의 개성을 살리는 자유로운 사고 연결 방식을 아이에게 부여해 준다.

교육적인 놀이——오히려 놀이를 한다는 것은 일반적으로 교육적이기 때문에 '아동교육학 놀이'라고 불리우는——는 아이들 고유의 현실감을 얻기 위해 사용하는 독창적인 방식 같은, 아이들의 호기심을 차단할 위험이 있는 것으로 확인된 바 있다.

장난감

조립식과 완제품으로 이루어진, 오늘날 시중에 나와 있는 장난감에 관해서도 아이의 창조적인 능력을 막는 것은 마찬가지이다. 아이의 상상이 설령 살아 있는 물건으로 만들어 놓을 가능성이 있다 할지라도, 오늘날 인형은 사후 세계에서 들려 오는 듯한 목소리를 부착하여 살아 있는 것처럼 말한다. 말하는 인형은 아이로 하여금 말하는 기능 프로그램을 알고 적은 것만을 인식하도록 제한한다!

헝겊 조각 · 실 · 바늘 같은 아주 보잘것없는 재료로도 충분히 인형을 만들 수 있다. 그러나 불행히도 그 누구도 인형을 만들 시간을 내지 못한다. 실제로 백화점에 가서 화려한 옷을 입고 있고 거기다 말까지 하는 '샌드린 인형'이나 '소피'를 구입하는 것이 더욱 간단한 일이다. 그러나 '화려한 외양의 인형'에 비해 '상상으로 만든 인형'이 아이의 정신에 우선적인 영향력을 준다는 것은 잘 알려진 사실이다. "집에서 만든 인형은 아이에게 아이의 재주인 연극 놀이와 사랑 놀이를 할 수 있게 해준다"고 인형극 전문가는 대담하게 언급한 바 있다.* 그러나 인형-오락 기구의 일차 소비 대상으로 아이들을 표적 삼아 그것을 즉시 소유하지 못하면 즐거움을 지닐 수 없는 것만 같은 다양하고 대대적인 광고의 유혹을 어떻게 물리칠 수 있겠는가.

많은 노력과 인내심을 기울인 것은 서서히 만족감에 도달한다는 사실을 잘 알고 있다. 자신이 직접 만든 물건은 완성된 형태를 보기 위해

---

* 카트린 르파베르, 《인형에 대한 애정》, Albin Michel, 1994.

시간이 필요한 만큼 즐거움을 부여해 준다. 그러나 모든 사람들이 시간을 희소 가치로 여기는 현대와 같은 속도 시대에는 이러한 방식처럼 시간을 투자하지 못한다. "손쉬운 것들은 욕구를 충족시켜 주지만 욕망은 충족시켜 주지 못한다"라고 프랑수아즈 돌토는 쓴 바 있다. 이런 상태에서 대부분의 아이들은 선물 포장을 뜯자마자 흥미를 잃어버리고 다른 선물을 원하게 되는 것이다! 그때부터 돈의 한계를 제외하고 아이들의 만족을 모르는 욕구는 무한대로 이어진다. 선물값이 비싸질수록 정서적 · 상징적 가치들은 빈약해진다. 돈을 다 쓰고 완전히 빈털터리가 된 부모와 아이들을 보는 것은 새삼스러울 게 없고, 다량의 상품의 유혹으로 부채질되는 계속된 욕구를 충족시키기 위한 다른 자산이 없게 된다.

종종 '어마어마한' 장난감에 직면한 아이는 공포심을 느끼면서 고립되어간다. 일례로 완성품인 로봇은 아이 자신의 감성에 따라 적응해 나가는 가능성을 남겨두지 않는다. 로봇을 통제하려는 아이의 시도에도 불구하고 아이는 빈번히 밤의 무서움 · 공포증 · 악몽 등에 휩싸인다. 이러한 상태에서 장난감은 때로는 공포의 대상으로 분할된 상태의 두려움을 야기하여 매우 폭력적인 이미지의 연속 과정 역할을 한다.

우리가 살고 있는 물질주의 사회에서 천사 · 요정 · 마법사 등에 대한 흥미를 안간힘을 다하여 집단 상상 속에 자리잡게 하는 것은 우연히 이루어진 일이 아니다. '리얼리티 쇼'의 포화 상태로 모든 것이 노골적으로 거리낌없이 드러나 있는 상황에서, 미세한 신비와 환영을 필요로 한다는 것은 당연한 결과이다.

크리스마스를 앞두고 상점 앞에 대량으로 만들어진 장난감이 산더미같이 쌓여 있는 것을 보고 그 누가 포화 상태의 느낌을 갖지 않을 수 있겠는가? 다행히 최근에는 좋은 재료로 만들어진 전통적인 장난감들, 나무집 쌓기 놀이, '수공예 창작 인형' 등 복고풍 장난감을 볼 수 있다. 아이들이 직접 만드는 장난감들을 생각해 볼 수 없는 것일까? 불행히도 많은 것이 부족한 '개발도상국'의 몇몇 아이들만이 뛰어난 재주로 장난감을 만들어 내는 능력을 여전히 간직하고 있다! 우리는 '놀기 위한 물건'의 제조조차 이미 완전한 놀이를 나타내는 단순한 재료로 더 이상 독특한 장난감을 만들어 낼 수 없다. 그러나 우리는 누군가에 의해, 다른 누군가와 함께 혹은 그 누군가를 위해 만들어진 물건을 통해 전달된 정서적인 책임이 얼마나 중요한 것인가를 잘 알고 있다.

한 젊은 심리학자는 어느 날 향수에 사로잡혀 예전 전기도 수돗물도 없는 조그만 산장에서 보냈던 '여름 방학'을 회상했다. 형제자매들과 놀이에 열중하는 순간에는 몇 개의 솔방울과 나무 껍질만으로 충분히 행복을 느낄 수 있었다. 아이들은 솔방울로 사람과 동물의 무리를 만들고, 나무 껍질에는 일종의 형판처럼 사람을 새겨 곧 찍어냈다. 거기서는 밤이 내리는 것을 제외하고는 어떤 속박도 없다. 어둠이 내리면 불을 지필 준비를 하고 그 불 주위에 모여 가족은 저녁 시간을 준비한다. 우리가 살고 있는 이 도시에 숲과 모닥불을 옮겨 놓을 생각이 무모한 것 같을지라도, 거기에는 우리가 체험했던 창의성과 같은 가치를 발견할 수 있는 능력이 자리잡고 있음을 나타내는 것이다.

우리는 편안함과 시간을 얻기 위한 이같은 세월의 흐름 속에서 너무 많은 것을 잃어버렸다. 특히 만인에게 공통된 인위적인 시간을 위하여 소멸된 창조적 시간의 본질을 잃어버렸다. 그러나 이러한 유희적 창의성은 여전히 아이들이 지닌 자연스러움을 특징짓고, 아이들에게 선택할 기회를 부여할 때 아이들만이 자유롭게 시간을 사용할 줄 안다.

보상-놀이

아이들은 계속해서 전쟁 같은 가장 비극적인 상황에 반대되는 놀이를 하기 때문에 낙천적이라는 그릇된 생각을 갖게 된다. 아이들은 단지 어른들과 다른 표현 방식을 지니고 있는 것으로, 아이들이 놀이에서 보존하려고 하는 것은 이같은 놀이가 그들의 느낌이나 감정을 표현하는 유일한 수단을 나타내기 때문이다. '논다' 는 것은 '공부하다' 는 것과 대등한 것이기에 아이들은 당연히 이같은 놀이 활동을 시시하고 부수적이라고 간주하는 어른과 반대로 진지한 것으로 주장하는 것이다. J. -L. 보르주는 "아이는 즐기면서 진지하게 공부한다"라고 말하면서 이러한 사실을 증명했다.

그러나 아이는 학교 성적을 올려야 한다는 필요성에 직면하게 되면서 너무 이른 시기에 이같은 성향을 포기하도록 독촉받는다. 결국 이 시기는, 상상의 세계를 돌아다니고 공상하는 것을 끝내고 이성이라는 올바른 길로 되돌아오게 되는 때이다! 이때에는 놀 권리는 보상이라는 개념과 불가분의 관계로 맺어지게 된다. "숙제를 다 끝마치면 놀 수 있단다"(혹은 또 다른 학교의 의무)라는 말은 아주 간단히 "15분만 놀고 숙제를 해야 한다"는 말을 하는 데 매우 유리하게 작용한다는 것을 증명해 주고 있다.

아이의 시간은 유용성이라는 제한된 차원에서만 고려되고, 반대로 유희적인 상상력이라는 절대적인 속성을 지닌 아이에게 유익한 것으로 여겨지는 시간의 부분 자유는 고려 대상이 되지 않는 것이다. 내 생각에는 의무화된 학교 복종을 특징짓는 수동적이고 틀에 박힌 추상

적인 지식의 축적보다는 훨씬 건설적이고 풍부한 절대적인 필요성일
때 논다는 것은 보상 작용으로만 제한된다. 그러나 놀이의 필수적인
긴장 완화의 조건이 더 이상 연결되지 않는 것처럼 '노는 시간'은 긴
장이 나타나는 가족의 갈등을 대가로 얻어진 것이다. 부모들 자신도
아이들과 함께 악의적인 유희적 즐거움을 발견하기 위해서는 체계에
역행하는 것을 시도해야 한다.

　여기서 많은 수의 부모들이 어떤 잘못된 생각으로 인해 놀이를 부차
적인 활동으로 인식하면서 아이의 발전의 토대조차 부정하는 체계에
무조건적인 협력자가 되기에 이르는지 자문해 보게 된다. 시간이 갈수
록 노는 것을 제일 좋아하는 자녀들에게 낙담한 부모들의 손에 이끌
려 나에게 상담을 받으러 오는 어린아이들의 수효가 늘고 있다…….
"이 아이는 멋대로 내버려두면 항상 놀기만 해요. 그저 놀 생각밖에
없어요." 그러면 아이들이 무엇을 생각해야 되는 것인가? 연필을 잡
을 수 있게 되면서부터 아이들은 자신에게 예정되어 있는 경쟁에서 좋
은 위치를 차지하기 위해 공부를 하고, 글씨 연습하는 것만을 생각해
야 되는가? 부모와 자녀 간에 빈번히 발생되는 이같은 갈등 상황을 길
게 언급하는 지속적인 마찰로 지쳐 버린 가족 구성원들이 서로 화해
하고자 하는 노력들을 '지옥'으로 여기게 되면서 그 관계가 황폐화되
는 것을 막기 위함이다.

　우선적으로 짧지만 소중한 시간을 가족의 틀 안에서 무조건적으로
이해받는다는 것을 아이에게 느끼게 하면서 감정을 가라앉히는 데 유
리한 유희적인 활동에 남겨두어야 한다. 이런 상황에서 놀이를 아동
교육학의 한 원리, 인식 방법, 세계의 연구 방식으로 생각하는 게 정
녕 불가능한 일인가? 아이는 틀림없이 아이들의 유희적이고 오늘날

널리 알려진 정신 작용성의 욕구를 고려하지 않은 학교 생활의 강제에 순응할 것을 순순히 받아들일 것이다.

어느 때보다도 더 우리는 놀이를 공부하고 남는 시간에 부여하는 것으로서 마치 '잔돈'처럼 인식하는 것에서 벗어나 자녀와 부모가 함께 공유하고 재발견할 수 있는 단순 공간으로 인식해야 한다. 즉, 아이들이 놀이–보상 차원이 아닌, 구속에서 벗어나 자유롭게 빈둥거릴 시간을 누리게 해야 한다.

의무에서 해방된 시간

조사에 상관없이 오늘날 모든 젊은이들에게 질문을 던질 때 그들은 우선적으로 자신이 곧 맞닥뜨릴 미래와 실업에 대한 걱정과 경솔하게 받아들여서는 안 되는 증상을 이야기한다.

실업과 관련되어 배척당했다는 생각이 지배적이다. 거기에는 필연적으로 '복지 국가'에 의해 지급되는 이 새로운 자선 형태인 '수당'으로 유도되는 실패와 사회의 지배 개념이 암시되어 있다. 이러한 상황은 미래에 대해 희망을 갖고 사회에 합류하기를 바라는 또래의 젊은이들에게는 그만큼 걱정거리를 유발한다. 자신을 형성해 나가고 있는 청소년들에게 있어서 어느 날 사회에서 뒤처질지도 모른다는 위험은 매우 불안하고 파괴적인 감정을 불러일으킨다. 그러나 오늘날 개개인은 직장에서 서열에 따라 정해진 위치만을 획득하게 된다. 어떤 사회학자들에 따르면 비록 경제적 위치가 여전히 우위를 차지하고 있다 할지라도, 경쟁과 돈의 관점에서 다루어졌던 지금까지의 방식에서 벗어나 인간을 다른 양상과 다른 가치로 고려한다 할지라도 그 위치는 확고부동한 것이다.

그러나 알베르 자카르가 단호하게 언급한 것처럼 "경쟁을 통해서만 이루어지는 선별은 다른 사람들을 누를 수 있는 사람에게만 유리하게 작용한다. 그리고 승리자가 있다는 것은 패배자들을 양산해 내는 것이다. 우리 사회는 동물 세계의 특징을 나타내는 무리 개념에 의존하는 더욱 강력한 법을 독려하고 있다." 진실로 전진은 어디에 있는지 자문해 보아야 한다!

여기서 사회 통합의 필요성과 개인의 합법적인 갈망 간의 결합이 이루어질 수 있는 타협을 살펴보는 것이 중요하다. 미래에 많은 사람들의 공통된 몫이 될 자유로운 공간을 산출하기 위해서는 개개인의 창조성이 표현될 수 있는 이 공석의 시간을 아이들이 감내하고 사용할 수 있도록 준비를 시키는 것은 반드시 필요한 일이다.

산다는 것은 본질적으로 위험이 내포되어 있다. 오늘날 동시에 무책임 상태에 있는 개개인의 안전은 사회가 담당하고 있다. 이같은 체계는 여러 기구들에게 시민을 통제토록 하는 구실을 제공한다. 그러나 기구들은 시민을 지켜 주는 것을 보장하면서 동시에 어른의 보호 없이는 혼자서 살아갈 수 없는 아이의 의존 관계처럼 취약한 의존 관계를 창출하여 시민에게서 자신을 보호하는 방법을 빼앗아 간다. 안전의 과잉으로 최소한의 위협에 직면해서 이같이 맺어진 인위적인 안정 상태를 혼란에 빠뜨릴 수 있다는 두려움과 걱정거리를 제공하는 반대 양상을 유발한다는 것은 역설적이다.

우리의 창의성을 재발견하면서 주위의 회의적 태도에 대처하는 방법을 발견할 수 있을 것이다. 창의성은 자립과 변화를 낳기 때문이다.

페소아[포르투갈의 시인]는 "우리에게는 두 가지 삶이 있다. 현실을 위한 삶과 우리가 살고 싶고 더욱 진실된 삶인 꿈을 위한 삶"이라는 사상을 제시했다.*

현실과 꿈을 일치시키고자 하는 우리의 능력은 진정한 자유에 의해 좌우된다. 여기서의 진정한 자유란 영혼을 희생시켜 물질의 영향에만 순응하는 인간 행동과 생각의 획일화를 반대하기 위해, 대담하지 않고는 생각할 수 없는 자유이다. 잘라 말하자면 이 자유는 의미를 찾기 위한 진정한 변화가 되는 것이다!

____

* 페르난도 페소아, 휴고 프랫의 인용문, in 《무용한 것의 욕구》, Laffont, 1991.

2
창의성

> "다른 사람의 발자국을 따라가는 사람은 결코
> 그를 넘어서지 못한다. 다른 사람의 발자국을 따라
> 가는 자는 자신의 흔적을 남기지 못한다."
>
> 중국 격언

손을 써서 이루어 나가는 기쁨

"아무것도 하지 않고 지낼 수는 없는 거잖니"라고 할머니는 말했었
다. 바로 그 사무실에서 장은 아무것도 하지 않고 지내는 느낌이었다.
그에게 있어서 바다나 쿠바에서의 놀이와 맞바꿀 수 있는 것은 아무
것도 없었지만 그는 일하는 것을 거부하지 않았다. 그러나 그에게 진
짜 일이란 예컨대 통 제조일처럼 오랜 시간 근육을 써서 하는 노력,
기민하면서도 정확한 일련의 몸놀림, 단단하고도 가벼운 손놀림이었
다. 거기서는 그렇게 노력한 결과가 나타나는 것을 볼 수가 있었다.
틈새 하나 없이 정교하게 완성된 새 술통은 일을 한 사람만이 응시할
수 있는 것이다."*

---

* 알베르 카뮈, 《최초의 인간》, Gallimard, 1994, p.246.

아이도 마찬가지로 주택조합장, 조각가, 보석세공인이 되는 것에 기쁨을 느낀다! 아이가 건축하고, 발명·투영·시간·노력 등 다양한 개념들을 인식할 때 그리고 이같은 사실에서 자신을 형성해 나가는 것이다. 손으로 하는 모든 활동에 대한 흥미로부터 그 활동은 인도되고 자율적이 되는 것이다. 유감스럽게도 갈수록 그 수효가 줄어들다가 요즘 다시 하나 둘 생겨나는, 동네의 수공업자 작업실에 아이를 데리고 가서 재료가 변형되는 과정을 보게 하는 것은 레고 놀이와 마찬가지로 이같은 원리를 독려하는 것이다.

아이들의 손을 잡고 현악기 제조 작업실에 데려가 바이올린 제조에 정성을 기울이는 장인의 모습을 발견하게 하거나, 초콜릿 공장에 가서 말할 수 없이 특별한 냄새를 맡게 하거나, 인쇄소에 데려가 책 한 권이 만들어지기까지의 과정을 보고 감탄하게 하는 것은 매우 간단한 일이다. 이를 통해 아이들은 나무가 어떻게 악기로 만들어지고 카카오가 어떻게 초콜릿이 되는지, 종이가 책이 되는 과정을 이해하게 되는 것이다.

손으로 만든 수공업 제품이 시간이 흐름에 따라 더욱 사람들의 이목을 끌면서 귀중한 가치를 지니는 것은 우연한 일이 아니다. 손으로 하는 작업은 창안해 낸 대상에 크리에이터의 상상과 장인이 투자한 시간과 노력 사이의 귀중한 관계라는 더없이 귀중한 흔적을 남기기 때문이다. 그리고 장인이 순간의 기분에 따라 새겨 놓은 이 흔적은 대상에 따라 다른 양태를 지니고 장인이 만든 제품 각각의 특성을 지니게 되는 것이다.

이렇게 장인은 현실과 상상의 매개체 역할을 한다. 장인의 활발한 손놀림은 신체 활동을 통해 북돋워지는 삶과 사고의 어떤 리듬을 새겨 놓으며 장인의 정신을 자유롭게 해준다. 이외에도 자연을 해치지 않게 재료를 절약하여 사용하는 장인은 현대 이전의 한 사람의 환경운동가였다. 그리고 장인은 공장 생산으로 동일한 형태의 동질의 제품이 지배하는 시기에도 다양성을 고수했다. 세월과 함께 그 가치가 영구히 지속되고 상승되는 수공업 제품의 위상은 종국에는 폐품으로 전락하는 공장에서 생산되는 제품과는 현격한 차이가 있다는 것은 명백한 사실이다!

그러나 장인이 자신의 작품에서 얻는 제일의 기쁨은 자신이 만든 작품에 귀족이 글을 새겨넣는 것이다. 계속 되살아나는 즐거움은 장인이 우리와 함께 공유한다는 것이다. "부드럽고 쾌적한 주발의 재료는 장인이 이 대접에 정성을 기울였다는 것뿐 아니라 그것을 사용한 그 누군가도 자신에 대해 정성을 기울이는 것이다"라고 중국 속담은 적고 있다. 마찬가지로 장인은 인간의 천부적인 소질의 근원으로 들어가는 원상태의 숙련 기능을 보존하는 임무를 지고 있기에, 장인의 활동은 정신의 독자적인 활동과 같은 이유로 존중되어야 할 권리가 있는 것이다. 현대에 들어와 이같은 인간의 귀중한 자산에 대해 가치 하락이 되도록 방치하는 사실은 재해를 당한 장인 계급이 자신들의 명성을 회복하는 데 어떤 어려움을 지니는 것과 관련되어 책망받아 마땅한 무관심을 드러내는 것이다. 이렇듯 장인은 산업의 힘이 계속해서 뻗어나가 침입하는 것에서 벗어나 자신의 작업을 통해 자유의 마지막 공간을 지키려는 한 사람의 '저항자'로 간주되어야 한다.

집단의 중요성이 교사와 학생 간의 우선적인 관계의 존재를 어렵게 만드는 이론적인 교육과는 반대로, 장인은 가르치고 자신의 직업에 애착을 갖도록 자신의 도제와 공유토록 하는 데 정서적인 영역을 도입할 수 있다. 장인-도제의 협동을 규정하는 이같은 관계 형태는 타인을 존중하는 개념, 상호간 신뢰가 습득에 유리한 환경을 형성한다는 범위 내에서 본보기 역할을 한다.

독일 같은 몇몇 국가에서는 전문 이론 강의에 들어가기 전, 학생들에게 각자 자신이 선택한 장래 직업 영역에 대한 것을 배우도록 적어도 1년간 실제적인 실습 기간을 갖게 한다. 학생에게 단번에 직업 상황에 대처하게 하는 이같은 경험은, 아이들에게 사정을 잘 파악한 상태에서 미래의 직업 생활에 접근할 수 있는 기회를 제공한다. 현실과 직면하여 현실이 때로는 냉혹하다 할지라도 아이는 자신의 선택에 대한 유효성을 확인하는 것이다. 그러나 프랑스에는 개개인이 지닌 자질을 공유하고 가치를 재창출할 수 있는 어떤 경험을 할 수 있는 시기를 보유하기 위한 제도가 전무한 상황이다. 자신만의 독특하고 창조적인 경험의 인식을 통해 장인이 태어나듯이, 제자는 자신의 스승의 주의 깊고 환대하는 시선에서 자신에 대한 신뢰와 존중을 발견하는 것이다.

개개인의 특성을 무시한 추상적인 교육은, 점차적으로 증대하는 사회적 차이를 창출하고 잠정적인 부를 가치 하락 상태로 변화시키면서 아이들로 하여금 자신들이 차지하게 될 힘의 위치만을 한탄하게 된다. 장인에 대한 가치 하락은 장인의 길에 몸담아 보려고 시도하는 청년들에게는 고통스럽게 다가온다. 비록 이들이 고전적인 엘리트 단계를 밟아 나갈 자질이 있다 할지라도 이같은 가치 하락은 종종 자신들의 천직을 포기하는 길로 이들을 이끈다. 때로는 더 후에 유감스러운 결과를 감수하게 만든다.

■　**Y씨**는 직업 활동에 어려움을 느끼는 문제로 상담을 받으러 왔다.

뛰어난 성적으로 대학 과정을 마친 **Y**씨는 자신을 고용한 이사회의 여러 가지 선택을 장기간에 걸쳐 결정지을 수 있는 중요한 연구 임무를 맡은 최고의 직책으로 진급했다. 그 점에 관해서 **Y**씨는 자신이 내린 최종 결정이 실행된 경우는 드물었고, 그가 제출한 대부분의 서류는 무관심 속에서 '결코 이루어지지 않을 수많은 종류의 서류 더미 안에' 묻혀 버렸다는 것을 깨달았다. 광범위한 계획안의 한 부분을 담당했지만 그는 거기서 어떤 결정권도 없었다. 그는 자기가 하는 활동에 서서히 의미를 상실해 갔고, 자신이 맡고 있는 소위 '책임감'은 자신이 제출한 결의안이 전혀 고려 대상이 되지 않는 범위에서는 하찮게 여겨졌다. 당혹감을 느낀 그는 자신이 하는 일에 더 이상 의미를 부여하지 못하게 되면서 심리적–정서적 균형이 자신의 개인 생활에 부정적인 영향을 미치는 문제에 직면할 정도로 서서히 일에 흥미를 잃어 갔다.

완전히 환멸 상태에 직면해 상담을 받으러 온 그는 면담 내내 자신이 얼마나 억압된 상태에 있었는지를 회상했고, 거기서 자신의 뛰어난 지적 능력에 맞는 더 가치 있고 매혹적인 관리직의 업무를 위해 공예가구 제작자가 되려는 꿈을 포기해야만 했다는 것을 상기했다.

현재 가족 부양의 책임이 있는 **Y**씨가 과거로 돌아가는 것을 불가능하게 만드는 요인이라면 주위의 교묘한 압력으로 인한 것임에도 불구하고, **Y**씨는 주변 상황을 잘 알고 선택한 것이라 믿으며 자신이 정신병 상태임을 거부했다는 것이다. 어려운 경제 상황으로 많은 어려움이 따름에도 불구하고 그는 위험 요인이 많지만 자신의 계획을 실현시키고 완전한 자유를 지킬 수 있는 영역에서 개인적인 체험을 시도하기

위해 미래의 안정이 보장된 자리에 사표를 낼 것을 고려했다. Y씨는
'최고의 자리에 올랐음에도 불구하고 자신의 일에 투자한 노력들이
구체화되기 어렵고 심지어 때로는 하찮은 무용지물이 되기도 하여 결
국 개인적 만족감을 상실하게 될 때' "자신의 노력으로 얻어낸 제품
을 보고 기뻐하는 어떤 수공업자를 부러워했다"는 것을 고백했다.

수공업자에 있어서 구상 단계와 작업 실행 간의 상보성은 손과 정
신이 결합된 균형을 형성한다. 이 두 가지는 상호간 함양하고 서로 보
충한다.

나는 Y씨와의 면담을 통해 장인에게 향하는 깊은 존경심을 지니게
된 그의 성향은, 많은 노력을 기울여 어떤 물건을 정교하게 만든 다음
본질적으로 거기서 기쁨을 느끼는 장인이 성취한 작품의 취향을 깨달
도록 교육시킨 아버지 덕분에 비롯되었다는 것을 깨달았다. 무엇보다
도 Y씨는 장인의 작품에서 발견하게 되는 자립 상태와 항시 흥분이 되
살아나게 하는 계획의 구상과 귀결을 좋아했다. 그는 여러 사람들의
의견과 자신의 생각을 종합적으로 고려하여 장인 직종이 자신에게 가
장 적합하다는 확신을 얻은 후 '손을 사용하는 직업'을 지칭하는 경멸
적인 칭호를 초월할 수 있었다. 그의 각 손짓은 실행하기 전의 구상 단
계에 머물렀고 복잡한 추상적인 계산 없이 실행 단계로 옮겨졌다. 그
래서 작업을 하는 다양한 순간은 놀라울 정도로 정확하게 서로간 연결
되었다. 그는 놀라운 직관력으로 모든 것이 투명한 상태에서 간단하게
다음 단계를 예상하고 계획했다. 그는 자신의 창의성을 표현할 줄 알
아, 한 작품을 구상하고 제작할 수 있었다. 무엇보다도 그것은 '제품
도 도구도 작업 자체도 이러한 것들이 일어나는 개인적인 관계에서 분
리될 수 없다는 것'을 전제로 한다. 이때의 작품은 '작업과는 다른 것'

으로 규정되는 것이다.

장인의 제품에는 예술가의 작품과 마찬가지로 자신의 자아를 규정하는 독창적인 언어 안에 독특한 무언가를 표현코자 하는 욕구라는 궁극 목적이 담겨 있다.

다른 교육의 상상

장인과 장인에서 확장된 예술가는 모두 창의성에 자신들의 의미를 부여하고, 그 안에서 이들은 어느 때보다도 더욱 자신의 특성을 드러내야 한다. 그러나 학교 교육에서조차 창의력에 대한 최초의 과오를 저지른다. 예술적인 재능을 고무하는 학과들에 별다른 가치를 부여하지 않기에 투자가 이루어지지 않는다는 것은, 그 방면에 소질을 보이는 아이들도 개발할 수 있는 기회를 갖지 못한다는 것을 의미한다. 예술 영역에 대한 교육은 창의성을 동원하지 않은 채 이루어지고 있다 (나는 하늘을 파란색이 아닌 분홍색으로 칠하자 미술 선생님이 놀란 것에 대해 실망했다고 이야기하던 한 여자아이를 기억한다). 그리고 어쨌든 이같은 과목은 본질적으로 논리와 기억에 의존하는 것으로 인식되는 소위 주요 과목에 부여하는 관심을 얻지 못한다. 주로 풍부한 창조 능력을 지니고 있는 이런 부류의 아이들은 틀에 박힌 형식에 적응을 못해 자발적으로 심리치료 의사에게 면담을 받으러 온다. 이런 범주의 동기로 심리치료를 받으러 온 아이들에게 나는 상당한 흥미를 느끼며 상담에 임한다.

8세의 남자아이인 에티엔은 '다른 것에서도' 항상 늦는다는 이유로 학교에서 요청을 해 나에게 상담을 받으러 온 사례이다. 이 아이는 집단의 리듬에 적응을 잘하지 못하는 것 같았다. 상담을 해나가면서 나는 에티엔이 항상 무언가를 관찰하고 주위에서 일어난 일에 왕성한 호기심을 지녀 다른 많은 사람들이 보지 못한 것을 발견하며 직관력이 매우 뛰어나다는 사실을 알았다. 추상적인 영역에 에티엔이 별다른 흥미를 보이지 않는다는 것은, 다른 영역에서는 다양하고 풍부한 수많은 정보를 축적해 뛰어난 감각을 지니고 말할 줄 안다는 점을 의미하는 것이다. 그러나 종종 뒤로 처진다는 것은 타인에게 신뢰가 없는 만큼 위험을 무릅쓰고 다른 아이들에게 마음을 털어놓지 않는다는 것이다.

상담 동안에 에티엔의 어머니는 아이가 아주 어릴 때부터 줄곧 온갖 종류의 기이한 물건에 관심을 갖고 있다고 말했다. 한 예로 어느날 공원에 되는 대로 방치되어 있던 무거운 그리스식 돌기둥 머리 잔해를 보고서 이튿날 에티엔은 종려나무 밑에서 낙엽을 긁어모아 코끼리 머리를 만들었다! 뜻밖의 사물을 발견하는 이같은 능력으로 에티엔에게는 '꼬마 고물 장수' 라는 별명이 늘 따라다녔다.

결코 지칠 줄 모르는 열정과 경이로움에 가득 찬 에티엔은 끊임없이 깨어 있는 호기심으로 자신의 발견물을 획득했다. 사실이 이렇다 하더라도 에티엔이 말한 것처럼 학교 사회를 이해하지 못하고선 진정한 혼란을 느끼는 문제가 없어지는 것은 아니다. "저는 느리고 모든 사람에게 혼란을 일으켜요." 자신을 의식하고 자각하는 에티엔은 할 수 있는 만큼 자신을 짓누르는 것 같은 자기 폄하의 감정으로 야기된 잠재적인 우울증에 대항했다. 그는 무슨 수를 써서라도 자신을 위한 본질적인 자유 공간을 지키려고 시도했고, 이러한 그의 바람은 '크레용을 잡을 수 있을 때부터' 항상 그림으로 표현되었다고 에티엔의 어머니가 말했다.

에티엔이 이렇게 비현실적으로 느낀 학교 환경을 교묘하게 피했다는 것은 자신의 내적 풍부함을 완전하게 보존하기 위한 것이라 할 수 있다. 그러나 세상에 적응하지 못하고 피신하며 현실과 관계를 끊고 있다는 사실을 이해하지 못하고 있는 한, 아이를 이대로 방치한다는 것은 위험한 일이다. 우리는 교사들이 집단을 위해 과감히 제어하지 못하는 범위 내에서 이러한 행동 양식에 직면하여 교사들의 문제가 특히 얼마나 물질적인 범주에 속하고 있는지 잘 알고 있다. 그러나 어떤 부류의 교사들, 방탕한 교사들조차도 이같은 증상을 나타내는 아이를 소홀히 여기지 않을 것이고, 지능 지수는 높을지 모르지만 상상력은 빈약한 다른 아이들과 비교하여 이러한 증상을 지닌 아이들을 가치하락시키거나 비웃으면서 아이들의 어려움을 증대시키지 않을 것이다. 그러나 모욕을 당한 아이들이 우리에게 이야기해 주는 이같은 종류의 반응을 빈번히 보게 된다. 이 아이들이 학교 체계의 부적응자가 되는 것을 피하기 위해 이들의 독특한 장점에 가치를 부여하는 것으로 충분함에도 불구하고, 오히려 이런 아이들을 학교 체계에 순응하게끔 만든다.

이 어려운 상황에 직면하여 관찰하고 상상하고 창조하는 아이의 이같은 능력을 촉진시켜야 하는 부모의 역할은 매우 중요하다. 부모는 아이의 본질적이고 소중한 장점을 북돋워 주고 보강해 줄 의무가 있다.

　　6년 6개월에 접어들 무렵 아멜리는 행동거지에 대한 특이한 점들, 특히 학교 등교를 거부하는 문제로 상담을 받으러 왔다. 아멜리는 매우 빠른 속도로 글을 깨우쳤던 총명한 여자아이로, 실제로 학교에 입학한 지 2개월도 안 되어 자신의 학교 수업을 모두 습득하고는 등교를 완강하게 거부했다. 학교에서 가르치는 교과 내용은 이미 알고 있어 더 이상의 흥미가 없었고, 담임선생님이 내준 숙제를 무시하는 등 아멜리가 학교에 가는 것을 받아들일 때는 학교 수업을 방해하기 위한 경우였다. 아멜리는 상담치료를 하는 중 수업 내용이 자신에게는 너무 느렸고 지루한 활동이었다고 분명하게 표현했다.

그러나 아멜리는 뛰어난 재능과 매우 풍부한 상상력을 지닌 어린 소녀의 자질을 보여주었다. 그녀가 내 연구실에 들어올 때, 나는 머리에 여러 작은 물건이 매달린 머리핀을 꽂은 아이의 괴상망측한 옷차림에 적이 당황하곤 했다. 흰 깃털, 낙엽, 앙고라 모직 조각, 화려한 색상의 포장지에 싸인 사탕이 걸린 안전핀을 어디서 구했느냐는 내 물음에 아이는 심심할 때 만든 것이라고 설명해 주었다. 그녀는 기발하고 감동적인 조합으로 모든 사람에게 경탄의 미소를 자아내는 능력이 있었던 것이다. 이 짧은 관찰은 아멜리가 실제적으로는 항시 깨어 있는 창의성으로 아주 단순하게 매우 엄격한 세계를 바꾸어 기발한 창작품을 만들 수 있는가를 증명해 주는 것이다.

　매우 소극적인 성격을 활동적인 성격으로 바꾸어 주는 공상을 사용하게 하는 대신, 학교는 이같은 성향을 포기하도록 요구한 것이다. 그러나 아멜리가 학급에 보다 잘 동화되기 위해서는 아멜리의 창의력을 집결하고 인식하는 것으로 충분하다.

　결국 아멜리는 학교 자체 내에서 이같은 태도를 허용하는 게 부적합하거나 이러한 종류의 아이들의 기대에 부응하기에는 부적합하다는 문제를 제기해 관찰 대상으로 분류되었다. 마찬가지로 그녀가 자신의 상상력이 신망을 잃은 것으로 느끼는 상황에 직면해 아멜리는 지나쳐 버리기로 결정하고는, 자신이 얻어낼 수 있는 모든 즐거움과 사는 기쁨을 느끼면서 계속해서 가능한 가장 자유로운 상태의 길을 걸어갔다. 단번에 아멜리는 학교 세계와 관계가 끊어질 위험에 처해졌고, 학교 세계 밖에서는 불행히도 가능한 비상구가 없었다.

　선천적인 호기심을 드러나지 않게 하는 에티엔의 침착성은 아멜리의 지치지 않는 활발함과 공상에 부합한다. 두 아이 모두 내면의 강렬한 생활을 소유하고 있는 것 같았다. 그러나 이 아이들의 특성인 풍부한 상상력은 학교 세계에서는 거의 빛을 발하지 못했다. 결국 이 아이들은 할 수 있는 만큼 다른 아이들과 다르게 살고, 모든 아이들에게 선별적이고 죄의식을 갖게 하는 체계에서 벗어나는 위험을 감수하는 희생을 치르더라도 자신들의 성향을 지켜야 했다.

　그러나 아멜리와 에티엔은 자신들이 지닌 호기심과 감정, 즐거움을 자유롭게 표현하면서 창의력을 보유해 나가는 아이들로, 바로 사회가 필요로 하는 개인의 자유의 대변자라 할 수 있다.

　그러나 정확하게 예술 과목이 장려하는 것은 학구적인 지능과는 다른 형태의 지능을 발전시키는 것으로, 감성과 상상의 지식을 인식하게 해주는 것이다. 유치원이 이러한 활동 영역에 광범위한 자리를 마련해 준다면, 초등학교는 모든 아이들에게 추상적 지식의 축적으로 이루어진 단 하나의 언어만을 제시하고 표현 방식을 획일화시키면서 너무 일찍 유년기의 유희적이고 창조적인 세계와 급격한 단절을 인정하는 기관이라고 할 수 있다.

개개 어린이에게 가장 진실된 자아를 밖으로 표출시키면서 꽃피울 기회를 주기 위해 학교에 통합된 표현 방식과 장소를 다양화할 수는 없는 것일까? 음악·노래·연극·진흙 놀이·그림·인형극과 온갖 형태의 신체 표현……은 그만큼 아이들에게는 그들의 독창성을 마음껏 펼칠 수 있는 가능성을 열어 주는 것들이다. 최근에 이러한 형식에 대한 흥미로운 실험은 에피날에게 이러한 것이 가능하다는 사실을 입증해 주었다.

동시에 이것은 아이의 창조적인 활동을 억제하게 할 수 있는 행동 장애를 없애는 것에도 관련된다. 자기 자녀를 모차르트로 만들고자 하는 부모들의 꿈은 많은 아이들이 음악을 배우는 것을 거부하게 만들고, 무조건적으로 완벽하게 해줄 것을 요구하는 부모의 바람은 아이들의 즐거움에 족쇄를 채우며, 동시에 다른 영역을 체험해 보고자 하는 시도조차도 막는다.

아이의 욕구와 그 욕구의 실행을 지지하면서 부모들은 아이가 발전해 나가도록 독려하여야 한다. 연극이나 즉흥 무용 공연에 참여하며, 피아노 한쪽 귀퉁이에서 들려오는 주저하는 음조를 듣고, 서툰 그림을 보고 칭찬하며, 아이의 작품을 단 한 마디 말로 주목해서 볼 줄 아는 것은 아이의 재능을 지켜 나가도록 독려하는 것이라 할 수 있다.

'벽에 낙서하는 것을' 단호하게 금지하는 명령을 내리는 대신 아이가 그림을 그릴 수 있도록 아이의 방에 커다란 도화지를 걸어 놓는 게 더 손쉬운 일이 아닐까. 자신의 욕구를 인정받는 아이는 초월할 수 없는 한계가 무엇인지를 잘 이해하면서 자신의 창조 활동이 지속되고 있다는 것을 느끼게 된다.

아이가 지금보다 더 솔직하게 자신의 모습을 찾아간다면 세잔이나 피카소가 되지 못한다 하더라도 별 문제가 아니지 않겠는가…….

초등학교 3학년에 재학중인 9세의 남자아이에 관련된 에피소드 하나가 생각난다. 모크란은 엄마에게 버림받고 아빠와 형제들과 함께 호텔에서 살았다. 남의 이목을 끌지 않는 슬픈 얼굴에 학업 성적은 중간 정도인 아이로, 학교에는 잠깐 얼굴만 비치고는 수업에는 불참했다. 담임선생님이 지베르니에 위치한 모네의 집을 방문하는 현장 학습에 아이들을 데려가기로 결정하는 날, 교사는 인상파에 관한 논문을 발표하고자 하는 한 친척의 제안을 받아들였다. 예술 동향을 설명한 후에 그 친척은 이 주제와 관련하여 아이들의 느낌에 관한 여러 가지 질문을 했다. 유복한 가정 환경 덕분에 섭렵할 수 있었던 지식을 참조하여 몇몇 아이들이 대답했다. 그러나 그 친척이 자연에 대한 아이들의 시각과 명암의 역할에 관련된 질문을 하기에 이르자 모크란이 수줍게 손을 들었다. 모든 아이들이 놀란 가운에 모크란은 자연스럽게 그림에 나타난 빛과 물에 비친 그림자를 보고 자신이 느꼈던 감정들을 이야기했다. 이 질문의 주제에 흥분을 감추지 못하고 모크란은 정확한 묘사와 탁월한 감수성의 흔적을 보고 놀랐다는 개인적인 느낌을 말했다.

담임선생님이 진심 어린 마음으로 모크란에게 칭찬을 해주자 처음으로 아이 입가에 미소가 떠올랐다. 수업이 끝날 즈음에 아무도 모르고 있었던 용기가 있다는 것을 보여준 모크란은 인상파에 관한 설명을 해준 강사에게 은밀히 다가가 그의 귀에 살며시 대고, "저는 언젠가는 화가가 될 거예요"라는 말을 했다.

동화 같은 이 이야기는 그 여교사가 직접 나에게 전해 준 실화이다. 이 일화는 우리 문화 안에서 학교의 교육 기준이 일반적으로 제일 불리한 입장에 놓인 아이들에게 기회를 부여하면서 오로지 대다수 아이들의 마음을 표현하기만을 바라는, 독창적인 감수성을 얼마나 존중하지 않는지에 대한 본보기로 드러낸다고 할 수 있다.

그러나 여기서 정확하게 드러난 사실과 자체 평가를 한다면 이 어린 소년에게 미래에 대한 계획을 세우게 했다는 점이다. 화가가 된다는 아이의 장래 계획 결과가 어떻든 모크란이 타인들과 특히 자기 자신을 위해 존재하기 시작했다는 점이 중요하다. 모든 편견에서 벗어나 아이들에게 타고난 재능을 드러낼 기회를 제공해 주는 게 아니라면 무엇을 가르쳐야 하는가? 여기에 대해 아인슈타인은 다음과 같이 말한 바 있다. "원자폭탄보다 편견을 파괴하는 것이 더 어렵다."

예술적인 표현에 대해

"예술의 효용성은 어떤 효용성도 없는 것이다"라고 이오네스코는 언급한 바 있다. 오늘날에는 무용성을 옹호하는 것이 유익하다. "예술은 짐을 가볍게 하기 위해 언급되지 않은 것을 말하는 데 적임이다. 어떤 외침, 욕망의 검열되지 않는 장소, 인간이 조금씩 도처에서 잃어가는 차이를 요구할 권리에 대한 표현을 들 수 있다."

예술 교육은 우선적으로 학생의 성적 향상에 목적을 두는 게 아니라, 아이에게 자아의 표현적이고 예술적인 것을 표현하는 데 새로운 가치를 부여하면서 다른 과목 형태의 도움으로 그 대안을 제시하는 데 있다. 다른 국가에서는 이미 시도되었고 분석을 거친 이같은 혁신은 막대한 심리적-정서적 이익과 더불어 학교 전체와, 특히 배움의 영역에 우수한 동기를 부여해 준다. 그러므로 이 시도로 지적 영역 능력의 발전과 집중력이 높아지는 것을 확인했다.

이러한 형태의 교육은 경쟁 의식이 제외된 더욱 실제적인 교감을 불러일으키고, 아이들간의 협동심을 증대시키는 것으로 너무 이른 시기부터 경쟁이 독려되는 현재의 학교 과정에서 진행되고 있는 상황과는 다른 것이다.

아이들 각자는 저마다 풍부한 독창성을 보유하고 있다. 관용 안에서 이같은 기발함을 끝까지 지켜 나가는 것은, 가장 독창적인 것에 관계되는 개념, 즉 보편적인 것의 접근과 상호간 풍부해진다는 것으로 우리가 바로 목표로 삼아야 하는 지점인 것이다. 타인의 문화에 접근한다는 것은 그 문화를 이해하고 자신과 다름을 받아들이는 것으로 관용 안에서의 교환을 장려하는 것이다.

구별하는 방식으로 아이를 고려하는 것에서 벗어나 전체적인 견지에서 아이를 북돋아 주어야 한다. 현재 학교 체계 토대의 일부를 이루고 있는 과목간의 장벽 제거, 개인의 여러 차원을 통합한 양적 평가보다는 질적 평가가 이루어져야 되는 것이다. 경쟁이라는 유일한 양상에 기초한 현재의 교육은 아이들이 서로 협동하고 먼저 이웃에게 아량을 베푸는 것을 습득하도록 조장하는 것이 보장되어야 한다.

셈하고 추론하는 것을 아는 것은 본질임이 명백하다면, 마찬가지로 존재와 사물을 민감하게 인식해 비판적이면서 너그럽게 세상을 생각하고 지표들을 획득하는 것을 배우는 것은 가장 기본적인 일이 아니겠는가? 학교에서 얻은 지식은 인생의 지혜와는 아무런 연관성이 없다!

새로운 균형을 추구하면서 왜 '감정과 자아 통제, 꿈과 엄격함, 욕망과 현실' 등 여러 대립 사항들을 결합하는 새로운 이미지의 학교는 생각하지 않는가? 빈약한 감성과 시각의 문맹에 대항하여 추진되고 있는 학교, 즉 주위 세계에 대하여 의문을 가질 수 없는 것, 개인적이고 비판적인 관점을 가지지 못하는 것에 대항한 학교를 생각해 보아야 한다.

아이들이 선천적으로 지니고 있는 감탄하는 능력을 우리 어른들은 매우 이른 시기부터 지켜 주어야 한다. 아이들은 어른들이 보지 못하는 것을 보고 발견할 줄 알기에, 우리 어른들의 의무는 어른들이 유년기에 지니고 있었던 이같은 직관을 되찾을 기회를 갖기 위해 아이들의 이러한 능력을 독려하고 계속 이어나갈 수 있도록 해주는 것이다. 아인슈타인은 다음과 같이 말한 바 있다. "사물을 보고 감탄하는 능력을 잃어버린 사람은 죽은 사람이다."

나는 이같은 시선과 개개인의 잠재성을 권장하는 학교를 꿈꾼다. 이 학교가 우선적으로 내세우는 목표는 아이들 전체를 개발시키는 것이다. 나는 어른들이 개개 어린이에게 용기를 북돋아 주어야 하는 이러한 놀라운 경향 안에서 창의성에 토대를 두어, 보다 광범위한 교육을 펼치는 학교를 꿈꾼다.

표면상의 평등주의에 전념하는 교육에도 불구하고 실제로는 배척의 도구로 존재하는 획일화에 반하여, 본래 한계를 갖지 않는 창의력은 개인의 재능을 꽃피우고 독창성을 살리고, 더 나아가 사회의 다양성과 풍부함을 독려하는 것이다.

"이 시선 자체가 자신의 도구로 단련되면 눈에서 빠져나갈 수 있는 것도 시선에서는 빠져나가지 않는다."*

---

* 앙드레 베르데, 《시선의 훈련》, Galilée, 1991.

3

나태함에 대하여

> "침묵은 사고의 가장 높은 범주이다……. 오랫동안 나는 내 안에서 이 느린 움직임이 꿈·침묵의 숭배라는 인식의 더 높은 범주가 미지의 세계로 향해 이행되도록 내버려두고 있다."
>
> 크리스티앙 보뱅

> "잃어버린 시간은 결코 다시 만회할 수 없고, 항상 잃어버린 시간만이 발견하고 창조되는 것이다."
>
> 귀 라고르스

빈둥거리기와 게으름

나태할 권리가 일반적으로 그 가치를 상실한 사회에서는 부모들은 자녀들의 나태에 직면해서 실제적인 근심에 사로잡히게 된다.

"나태는 모든 악덕의 어머니이다"라고 단언하는 격언에 따라, 부모들은 온갖 방탕함이 시작될 것이라는 생각에 초점을 맞춘다. 그러나 종종 부모들은 자신의 심리 상태를 아이들에게 전가한다. 부모들에게 있어서 게으른 아이는 시간을 허비하는 아이인 것이다. 행동하기를 멈추는 것은 부모의 권위와 영향력을 포기한 것이다! 실제로 정신적인 활동을 어떻게 엄중히 통제할 수 있겠는가?

무료함을 견디는 능력

무료함을 견디는 능력은 말할 것도 없이 정신 건강 상태가 매우 좋다는 것을 나타낸다. 무료하다는 것은 실제로 아이의 삶에서 반드시 형성되어야 하는 경험이다. 고독과 대면하기 위해 아이가 행동하는 것을 멈추는 이 시기는 아이에게 자신의 감정들을 피할 수 없게 해주지만, 반대로 자신의 내적 공간에서 감정들이 전개될 수 있도록 해준다. 또한 아이는 후에 자신의 활동 안에서 연출하게 될 다양한 이야기들을 고안해 내기 위해 점차적으로 자신 안에서 필요한 자원을 끌어내는 능력이 있다는 것을 발견할 수 있다. 자신의 공상에 대해 다양한 영역을 탐색하는 여유를 충분히 가지고 나서 아이는 자신만이 지닐 수 있는 견지에서 자신을 보다 가치 있게 하고, 자신의 개인적인 가능성 안에서 신뢰를 강화시킬 수 있다.

이외에도 아이가 침묵하는 것, 자신이 숨쉬고 있는 것을 듣고, 자신의 가장 내밀한 소리를 듣는 법을 배운다면 아이는 삶의 어떤 순간에서 자문하고 자신의 미래를 계획하는 데 있어 개개인에게 유용한 경험인 내성과 친숙하게 되는 것이다. 그러나 역설적으로 무료한 상황에 처해 있다는 사실은 아이에게 외적인 흥분에 적극적인 참여로 얻은 경험과는 별개의 가득 찬 기회를 제공하는 것이다.

청소년기에 특별한 목적과 즐거움이 없이 하루종일 배회한다는 것은 특히 숨기거나 무시할 수 없는 조울증의 표시가 될 수도 있다. 그러나 격심한 활동 시기에 구두점을 찍는 권태는 반대로 긴장을 완화시켜 이완되는 순간을 부여해 준다. 이렇게 침묵의 근원에 접근하고 내적 공간 형성에 참여하는 방식에 전념하는 것은 좋은 일이다.

그것은 어른과 마찬가지로 지속적인 활동을 할 때는 발견하기 어려운 명상에 빠지고 마음을 가라앉히는 양식에 전념할 수 있게 해주는 한 방식이다. 이러한 관점에서 예정된 계획이 없는 순간들은 아이에게 종종 다른 방식으로는 접근할 수 없는 미세한 감각으로 자신의 삶을 바라보고 귀기울일 수 있는 것을 배우게 해준다.

종종 무엇이라 규정할 수 없는 이 비몽사몽 상태에서는 지금까지 우리에게 닥쳐온 표현할 수 없는 독창적인 생각들이 분명히 자리잡게 된다. 마찬가지로 나태한 상태에서는 사물들이 정리되고, 활동을 하고 아이에게 영감을 불러일으키는 것에 필요한 창의성을 발견하게 된다. 부모들은 아이들이 음악을 듣고, 독서에 빠지고, 매우 정성들여 그린 일러스트레이션을 주시하지만 책을 읽고 있는 부모들에게는 아이들이 그린 그림에 대해 장황하게 이야기를 늘어놓을 시간이 없다는 것은 사고의 부진과는 또 다른 종류의 일이다. 다양한 활동들은 아이의 심리 생활을 발전시키고, 아이가 좋아하는 것을 나타내는 것이고, 즐거움을 위해 자유롭게 선택한 것들이다. "엄마, 나 심심해"라고 말하는 아이의 불평에 즉각 응답하지 않는 것은 아이에게 스스로 일을 찾도록 기회를 주는 것이다. 그것은 한번 아이의 요구에 응답하는 것을 좀 더 지체해 욕구불만의 부분을 도입하는 것이고, 동시에 아이의 자발성과 독립된 생각을 독려해 주는 것이다. 이렇듯 필요한 경우에만 한해서 후에 어떤 활동을 제안하는 게 적절한 것이다.

이것은 반성을 장려하고 '인생의 창의성'을 실행하는 치료의 종류이자, 정신건강법에 관련된다. 우리 사회에서 끊임없이 지속되는 활동은 전적으로 '뇌를 제거하고자 하는' 시도에 해당된다. 마치 감정들을 피하고 실제로 공백 상태의 두려움 같은 신경증과 유사한 것을 피하기 위해 쉼없이 분주히 움직여야 하는 것과 같다. 이렇게 자신과 대면하는 것을 피하기 위한 것처럼 '한가한 시간'에조차 한순간도 쉬지 않고 스포츠 활동이나 단체 게임을 하거나, 집 안에서 자질구레한 일을 하거나 일상적인 일을 하는 어른들을 볼 수 있다.

권태로움은 쾌락과 상반되는 개념이 아니다. 권태로움은 세상의 외적 영향으로부터 자아의 가장 내면적인 것을 보호해 주면서 자신이 살아 있음을 느끼기 위해 생각하는 것을 가능하게 해주는 공간을 제공한다. 이러한 의미에서 권태로움은 또한 주위의 분주한 상태에서 벗어나 때로는 직접적인 말을 피하고, 어른의 무수한 간섭을 피해 '감추어진 자아 안에' 몸을 숨길 수 있는 보호 수단이다.

유년기 어느 기념일에 여러 명의 가족이 모인 상태에서 나오는 떠들썩함과 분주함을 경험하지 못한 사람과 아이는, 소리가 죽은 채로 자신에게 이르는 배경음으로 변형시킨다. 아이가 자주 권태롭다고 주장하는 것은 갓난애였을 때처럼 이 두번째 상태를 혼란에 빠뜨리기는 커녕 아이를 달래고 아이를 그 분위기에 젖어들게 하는 주위의 소음에서 유도된 공상의 즐거움을 억제하는 것이 아니다. 다양한 감성과 풍성한 추억거리를 제공해 주는 이로운 퇴행은 아이의 삶에 영원한 향수를 간직하게 해줄 것이다. 이렇게 아이는 타인들과 함께 있으면서 혼자만 있다는 생각을 얻는 즐거움을 가질 수 있게 되는 것이다.

어느 일요일 아주 화창한 날씨에도 불구하고 하루종일 집에서 뭉그적거리는 즐거움을 맛보지 않은 사람은 이런 즐거움을 가질 수 없다. 어린아이조차도 이렇게 옷을 입고 싶지 않고, 밖에 나가고 싶지 않다는 욕망을 표현할 수 있다. 하물며 부모에게 널리 알려진 이러한 '꾀

병'을 인정해 달라고 요구하는 모든 아이들에 의해 나타나는 성향은 말해 무엇하랴. 때로 열이 37.2℃인 어린아이를 위해 집에서 머무르는 특권을 부여하는 것은 아이들에게 틀림없이 더 심한 질병과 신체적 질환이 생기는 것을 막기 위해 공모하는 것이다. 한 예로 4세 여자 아이는 자기 목적을 달성해 부모를 설득시키기 위해 비극적인 톤으로 다음과 같이 말했다. "나는 열이 40℃가 돼서 침대에 누워 있어야 되니까 의사 선생님이 와야 돼요." 부모에게 억지 핑계를 대는 꾀병을 부려 일상의 억압에서 벗어나는 순간에 대해 향수 어린 추억을 간직하지 않은 자가 있겠는가? 이같은 '여담 행위'를 한번 허락하거나 또 다른 경우는 당사자에게 반복되는 일을 다시 시작하기 전 힘을 축적하기 위해 휴식을 취하게 한다.

불행히도 성인이 중요히 간직하고 있는 효능의 기준에 따라 아이는 자신의 시간을 효과적으로 사용해야 할 의무가 있다. 마찬가지로 유치원에 들어가면서부터 아이는 집에 들어와서는 '숙제장'의 일종인, 부모가 서둘러 자녀들을 위해 구입한 '교육 공책'을 시간 전에 채워야 한다.

우리가 이미 알고 있는 것처럼 아이의 시간표는 '아무것도 하지 않는' 순간, 그러나 상상의 세계를 모험하는 데 있어 본질적인 시기인 비어 있는 시간은 거의 고려 대상이 되지 않고 있다. 혹자는 그렇기에 방학이 예정되어 있고, '아무것도 하지 않는 것'은 한가한 시간의 첫 번째 목적이고, "엄마 나 심심해"라는 하소연은 격분하여 텔레비전을 볼 것을 제안할 각오로 서둘러 종지부를 찍고자 하는 부모들에게 너무 이른 고통을 주게 되는 일이라고 반박할 것이다.

그러나 학교 수업 시간 외에 추가적으로 강제된 과다한 학교 공부를 하라고 아이들에게 강요하는 것에서 만족하지 않고 효능에 집착하는 몇몇 부모들은 방학 기간중에도 학기중의 시간과 유사한 리듬으로 공부할 것을 강요한다. 이런 부류들은 아이들에게 방학중에 보충 수업 형태의 임무를 부여한다. 이 의무를 진 방학은 자신의 시간을 박탈당하고, 또 한 번 성적을 올려야 된다고 강요된 아이들에게는 더욱 숨가쁜 시기라는 결과가 된다. 그러나 잘하기 위해서는 방학중 회복 시간이 필요하다. 나는 시골에 있는 조부모 집에 가는 것 이외에는 다른 곳에 가고 싶지 않아 단체 활동의 유혹적인 제안을 포함하여 방학중의 모든 계획을 거부한 9세의 남자아이를 만났다. 그러나 이같은 거절이 그의 집에서는 사회적인 행동 장애를 나타내는 게 아니었다. 그는 조부모 집에서 아주 단순히 빈둥빈둥 놀며 시간을 보냈는데, 마을 아이들과 놀거나 토끼우리를 만드는 데 자유롭게 시간을 보냈고, 기초적인 일상 리듬 이외에 아이에게 주어진 의무는 없었다. 현명한 부모는 아이에게 어떠한 강요도 하지 않았다. 아이는 위에서 다루었던 '이익이 되는' 방학과는 완전히 대립된 시간을 보내면서 인생에 있어서 진정한 재산이 되는 유년 시절의 보물을 구성할 수 있는 특권을 누렸다. 또한 이 아이는 한가한 조부모를 두어, 평화의 안식처를 얻을 수 있는 기회를 가졌다. 방학 기간중 이같은 다양한 활동을 제의했다는 것은, 부모들은 종종 아이들에게 한 가지 해결책을 발견하는 것 이외에는 다른 가능성을 갖고 있지 않기 때문이라는 사실을 잊어서는 안 된다. 그러나 이건 별개의 이야기이다.

그래도 방학 자체는 우리 사회에 만연되어 있는 이 생산성이라는 표시를 회피하기는 어렵다. 이때부터 게으름 피울 권리는 성인에게는 모든 거래와 갈등의 대상인 새로운 의무 사항, 특히 방학 숙제에서 빠져

나가려고 시도하는 아이들 앞에서 일종의 굴복에 일치하는 것이다.

나 태

노동만이 유일한 가치를 지니는 프랑스 같은 산업 사회에서 나태란 아무것도 생산해 내지 않기에 용납되지 않는다. 여가와 노동은 이익·지성·육체 혹은 기타 다른 것을 발생시킬 때에만 가치를 지니는 것이다. 이러한 의미에서 노동의 과잉 가치 부여는 생산적인 순환에서 벗어나는 모든 즐거움은 추방되거나 죄의식을 갖게 되는 최상의 경우에서 현대의 모든 직업 활동에 영향력을 발휘한다. "우리는 개인 자신도 동일한 방식으로 작동할 수 있는 하나의 기계가 되는 것처럼, 우리의 한계를 벗어나 더 멀리 끌고 가는 효능의 방식이라는 이 기계와 경쟁해야 한다. 그리고 이 효능성은 인간 기능의 절대적인 모델로 강요된다."(장 보드리야르) 기계의 수익성에 맞서 고성능 상태로 되기 위해서는 인간은 최대한의 기능 상태를 유지하기 위해 자신의 육체를 보존해야 할 필요성과 지식의 발달로 뒤처지지 않기 위해 자신의 지능을 유의해서 가꾸어 나가야 할 필요성을 느끼게 되는 것이다. 이같은 프로그램 목적과 함께, 빈둥거리는 것과 게으름은 가장 하찮은 활동이라도 유용해야 할 의무가 있거나, 혹은 보다 많은 이익을 창출시킬 의무가 있는 우리 사회처럼 성과를 중요시 여기는 세계에서는 통하지 않는다는 것을 쉽게 이해할 수 있게 된다.

고대 그리스 시대와 중세 시대에는 노동을 농노들의 역할로 규정한데 반해 모든 인간이 노동에 종속된 현대에 들어와서는, 노동의 목적에 노예가 되어 사람들이 원하면 거기서 빠져나올 수 있다고 믿는 것과는 달리 일에서 벗어나지 못한다. 그러나 우리는 태만만이 스트레스와 시간 부족이라는 직접적인 결과로 나타나는 과도한 활동의 지배에 저항할 수 있고 맞설 수 있다는 것을 인식해야 한다. 따라서 어떤 고독감의 욕구와 연결되는 나태는 무기력의 동의어가 아니라 과도한 움직임과 유사한 어떤 움직임에 저항하는 표현으로 여겨져야 할 것이다. 이 과도한 움직임은 자신에게 할애하는 시간을 축소시키면서 노동에 바치는 시간만을 증가시킬 뿐이다.

노동의 찬양은 이렇게 '만인을 위한 행복'의 절대적인 상징으로 자리잡아 간다. 그러나 이것은 어떤 행복에 관련된 것인가? 소비라는 인위적인 행복은 타인과 공유하고 함께 이루어 나갔던 '잃어버린' 시간으로부터 즐거움이 생겨났던 예전의 그 하찮은 것에서 느꼈던 환희를 추방했다.

'수공업 시대 어머니' / '산업 시대 어머니'

오늘날에도 여전히 자녀들과 함께 과자를 만들거나 자녀들의 옷이나 아이들이 가지고 노는 인형을 꿰매는 시간이 있는 어머니는 드물다. 그러나 거기에는 감각이 되살아나는 일시적이지만 특권의 추억이 자리잡고 있는 진정한 가족간의 따뜻한 친밀감에서 소중한 재회를 할 기회가 있다. 꿈과 환상을 불어넣어 주는 옛날 이야기를 재미있게 해주시던 우리들의 할머니들과 집안 여기저기를 수리하던 우리들의 할아버지들은 어떻게 되었을까? 어떤 경우에도 텔레비전은 감정의 교환을 통해서 이루어지고 공통된 정서를 부여하는 이 공유를 대체할 수는 없다. 불행히도 현재의 경향은 더 이상 함께 이루어 나가는 것이 아닌 단순히 만드는 것을 행하는 것이다.

나에게는 무의미한 느낌이 드는 위험을 무릅쓰고 딸들의 원피스를 만들면서 보냈던 잊을 수 없는 오후의 기억이 있다. 딸아이들이 꿈꾸는 스타일을 표현하기 위해 옷감을 고르고 디자인을 선택한 후에는, 작은 의자에 아이들을 올라가게 해 옷이 완성되면 어떤 모습일까를 상상하는 아이들에게 옷감을 대 거울에 비추어 보게 했다. 그 다음에 우리는 가위를 가지고 재단을 하고 둥글리는 부분을 망치지는 않을까 하는 두려움과 즐거운 흥분이 교차된 가운데 옷 만드는 일에 착수했다. 함께 원피스를 만드는 일은 다른 사람은 입지 않을 유일한 대상을 창조해 내는 것이고, 그것은 상점에서 구입한 어떤 옷과도 결코 똑같을 수 없는 정서적인 가치를 아이에게 부여하는 것이다. 옷들은 경과된 시간의 기념물처럼 간직해야 한다. 거기에 딸아이들의 요구 사항에 따라 만들었던 곰인형과 인형들의 옷도 추가해야 한다. 일시적이고 소중한 순간들은 그만큼 우리들이 함께 어떤 계획을 형성해 나가는 유용성을 구체화시키게 해주었던 것이다.

우리의 어머니 세대와 할머니 세대는 여러 세대를 거쳐 얼마 후면 박물관이나 시디롬을 통해서나 볼 수 있는 이같은 기능을 전수해 주었다. 아버지의 와이셔츠로 딸의 원피스를 만들어 주었던 것처럼 여러 번 다양한 것으로 사용했던 전통은 사라지고 있다. 현재 모든 것은 방치되어 있고, 그 이유는 끊임없이 공급되어야 할 필요성을 지닌 전기 기계에서 비롯되었음은 말할 필요도 없다. 실제로 더 이상 위와 같은 방식으로 물건을 공급하기보다 스스로 상점에 들어가 이미 만들어진 의류나 과자류를 구입하는 것이 쉽다.

그러나 변화된 산업 시대의 여성들은 장인 시대의 어머니 세대들처럼 함께 만들기 위해 같이 있을 시간을 갖도록 결정하면서 많은 득을 볼 것이다. 다른 무엇보다도 자신의 시간을 더 많이 내어주는 것은 바람직한 일이고, 예전에 가족간에 이루어졌던 이 공유 수단을 되찾기 위해서는 필요 불가결한 조건이다. 또한 이러한 시간을 지닐 수 있거나 요구할 수 있어야 하고, 나는 우리 시대에 그렇게 하는 것이 얼마나 어려운 일인지는 잘 모르지만 그것은 다른 주제에 해당되는 것이라 여겨진다.

시간을 내서 함께하는 것

자신의 시간을 내어준다는 것은 마찬가지로 사랑을 주는 것이고 주의를 기울이는 것이며, 아이가 느끼는 것을 알아보고 아이가 받아야 할 위치를 부여해 주는 것을 아는 것이다.

오래전 한 어머니가 외국에 가서 딸과 함께 버스에서 있었던 이야기를 나에게 들려 주었다. 바비 인형이 엄청난 성공을 거두고 여자아이들이라면 모두 손에 그 인형을 들고 다녔던 시절이었기에, 그 딸아이가 가장 좋아하는 인형도 물론 바비 인형으로 한시도 손에서 놓질 않았다. 그런데 버스에서 내리면서 아이는 바비 인형의 머리가 떨어져 나간 것을 발견했고, 틀림없이 인형의 머리는 버스 의자에 떨어져 있음이 분명했다. 어머니와 딸은 인형의 머리를 찾기 위해 곧바로 택시를 잡아타고 버스를 따라잡기 위해 다음 버스 정류장으로 갔다. 그

때 어린 딸의 얼굴에서 인형의 머리가 떨어져 나간 것을 보고 받은 충격을 읽은 젊은 엄마는 버스에 떨어뜨리고 온 인형의 부분을 앞장서서 되찾을 방법을 알고 있었다. 그것은 딸의 감정에 중요성을 부여한 것이고, "버스를 따라잡는 것은 불가능해, 다른 것을 사줄게"라고 말하는 대신, 아이의 감정을 민감하게 받아들여 자신의 가치로 인정할 줄 알았던 것이다. 아이가 좋아하는 것은 그 인형이지 다른 인형이 아니고, 파손하지 않고 보존하고 싶은 것 또한 그 인형이다. 아이의 엄마는 본질을 인식한 것이다. 그러나 부모들이 이같은 본질을 인식할 줄 모르고, 이러한 일이 발생했을 때 파악할 줄 모르면 아이들이 어떻게 무언 속에서 표현되는 모든 것에 대해 느낄 수 있겠는가? 프랑수아즈 돌토가 '주체를 존중해야' 한다고 한 것은 아이들과 아이들 나이에 적합한 비극을 존중하는 기능을 일컬었던 것이라 여겨진다. 그것은 또한 아이들과 함께하는 것을 아는 것이기도 하다.

조엘은 4세 남자아이로 전반적인 성격상의 문제로 부모가 데려왔다. 남동생이 태어나면서부터 조엘은 자주 화를 냈고 그럴 때면 부모는 진정시킬 수 있는 방법을 찾지 못해 어쩔 줄 몰라했다. 조엘은 밥먹는 것을 포함해 부모가 제안하는 것을 모두 거부했고, 그것은 부모를 무척 괴롭히는 일이었다. 어린 나이에 일찍 엄마와 떨어지게 되자 '엄마와 단둘이 있고' 싶다는 소망을 새식구가 된 남동생과 연결지어 직접적으로 반항적인 태도를 취해 자신의 방식대로 엄마의 주의를 끌려는 생각을 아주 단순하게 표현한 것이다.

최근 조엘의 아버지는 오래전부터 관심을 가져왔던 삼림기사 공부를 다시 시작했다. 종종 집을 비웠음에도 불구하고 가정에서 새로운 위치를 발견하는 데 느끼는 아들의 어려움이 완전히 자신과 관련된 것으로 여겨졌고, 능력이 닿는 한 아들을 도울 준비를 해야겠다고 결심했다. 여러 번 상담을 한 후 조엘은 기꺼이 엄마를 대동하고 병원에 왔고, 다음 상담에는 아버지가 참석해 줄 것을 제안했다.

매우 중요한 이 상담 기회에 나는 조엘의 아버지에게 부자가 함께 만들 수 있는 무엇인가를 이루어 나가기 위해 나무 지식을 사용해 줄 것을 제안했다. 좀더 가까워지게 하려는 생각 안에는 상징적으로 조엘과 엄마를 멀어지게 해, 동시에 아버지와 일체가 되게 하려는 것이다. 그들은 내 제안에 열광적인 반응을 보였고 몇 주 후에 다시 상담하기로 결정했다.

그리고 부자는 같이 살아가는 실제적인 경험으로 매우 기뻐하여 나란히 나를 만나러 왔고, 조엘은 나에게 다음과 같은 사실을 알려 주었다. 조엘은 아빠와 함께 이층 침대를 만들었고, 거기서 조엘은 얼마 후면 잠을 잘 것이고 자신이 쓰던 아래층은 동생에게 물려 줄 것이라 했다. 아빠의 아주 기발한 생각은 조엘에게 점차적으로 성장했다는 생각을 받아들이게 했다.

조엘의 아빠는 조엘이 아주 진지하게 못을 박고, 나무를 사포로 닦아내는 등 한번도 꾀를 부리지 않고 공동으로 하는 일에 굉장히 열심이었다는 말을 했다. 아빠는 계속해서 "조엘은 정상적인 행동을 다시 찾았고 동생하고도 온순하게 잘 놀기 시작했어요"라고 말했다. 내 연구소에 오는 길에 이 어린 소년은 '나중에 크면 자신이 지을 집을' 선택하고 상상할 것이다.

우리는 조엘과 아빠가 어떻게 가까워지게 되었는지를 보았고, '함께 있고' '함께 만들기' 위해 시간을 낸다는 사실은 결코 과소평가해서는 안 되는 것으로, 고통을 야기할 수 있는 질투심과 형제간의 경쟁심에 사로잡힌 어린 남자아이의 고통스러운 상황을 해결할 수 있음을 보았다. 자신이 앞으로 사용하게 될 침대를 아빠와 같이 만드는 경험은 조엘에게 자아를 형성하게 해주고, 아기가 되려는 것을 포기하고 미래에 대한 계획을 세우게 해주었던 것이다.

아빠와 함께하는 활동은 놀이를 통한 치료와 대등한 것으로, 동시에 아이의 추억 속에 영원히 지워지지 않은 흔적으로 남아 있을 것이다.

이 두 사례와 완전히 상반되는 것으로 한 동료가 나에게 이야기해 준 일화가 생각이 났다. 18개월된 아이 문제로 상담을 받으러 온 상인 부부에 관련된 것으로 이들 부부의 아이는 심리 발달 측면에서 또래에 비해 뒤떨어졌고, 외부와 관계를 맺는 데 어려움을 느끼고 전체적인 인지 능력이 뒤처졌다. 동시에 이 남자아이는 불면증에 시달리는 등 이른 우울 병리 증세를 보였다.

아이는 하루 종일 가게 위층에 위치한 아파트에서 혼자 지냈고, 부모는 아이의 옷을 갈아입히거나 먹을 것을 줄 때에만 올라갔다는 것이 드러났다. 부모가 장사를 하는 동안 이 아이를 돌보는 방식에 대한 문제에 직면해서, 이들은 신념을 갖고 아이가 침대에 있거나 의자에 앉아 있는 것을 줄곧 비추는 감시 카메라를 방에 설치해 놓았다는 것을 설명했다. 이러한 사실은 설치된 비디오카메라를 통해 아이가 감시하에 있었음을 나타내는 것이다! 때로는 보증금을 지불하는 인간 감시보다 더 신빙성이 있는 카메라 시스템의 효능을 전적으로 확신한 부부는 아이에게 가했던 소통과 모든 인간에게, 특히 어린아이에게 있어서 필수적인 감수성의 박탈을 인식하지 못하는 것 같았다. 이렇게 인간성이 상실된 세계에서 이 아이는 심각한 증상을 일으킬 수 있고, 아이가 주위에 알리는 비탄과 위험에 대한 표현에 적합한 세계에 빠져드는 것은 당연한 일일 것이다. 다소 과장된 이 이야기는 아이에게 어른에 대한 신뢰를 느끼고 내적으로 안정된 느낌을 발달시키게 해주기 위해, 모든 아이에게는 필수적인 같이 있어야 하는 절대적인 필요성을 강조한 것이다.

인간을 구별짓고 개성을 발달시키는 것은 각자에게 적합한 자신의 환경을 받아들이는 방식이다. 거기서 사회적 환경과 문화적 모델이 개입된다. 가족의 역할은 감정의 교환과 각 환경에 고유한 문화적 지표에 준거하여 가족의 틀 안에서 그 독특함과 문화를 전달하는 것이기 때문이다. 아이에게 타인과 관계를 맺는 경험을 하도록 해주고 아이와 함께하면서 부모는 타인의 말에 귀기울이는 것과 관용의 개념을 끌어낼 수 있는 것이다. 종종 어떤 이들이 교육 체계에만 그 의무를 전담하고 있는 본질적인 책임감을 가족이 수행해야 하는 것이다.

교사들은 가족의 결핍을 한시적으로 대치하고 아이들의 말을 귀기울여 듣고 도덕적인 버팀대를 마련해야 할 부모들의 역할이 제대로 이루어지지 않은 것에 신랄하게 불만을 토로한다. 문자표기법과 쓰기 학습에 관한 학부모회의에서 한 교사는 어느 여자아이가 한 말을 들려주었다. "난 그걸 할 수가 없어요. 엄마는 나한테 그걸 가르쳐 주지 않았어요." 이처럼 기초 교육 원리와 일상 생활 원리를 전달하는 것은 교사들의 임무임에도 가족의 권한으로 여겨진다. 이렇게 역할의 전환은 각자 자신의 특성을 발견하는 첫번째 수혜자가 될 아이에게 해로운 혼란을 불러일으킨다. 지식의 전수는 교사의 능력이고, 정서적ㆍ도덕적인 가치의 전수는 각 가정의 고유 영역으로 남겨두어야 한다.

그러나 함께 존재한다는 것은 마찬가지로 소통을 원활하게 해주는 연회를 통해 대화와 청취의 공간을 형성하는 것이다. 말은 인간의 정의이기도 하다. 말은 정신과 육체의 접합점으로 사람이 존재하고 행동하는 것 사이의 필수적인 조건이며, 동시에 사고와 외부 세계 사이의 결합이기도 하다. 실제적인 말의 교환은 성인들이 스스로 요구해야 할 의무가 있는 시간을 필요로 한다. 소통의 공간이 증대될 때 부모-자녀의 관계는 건설적 형태로 나타나기 때문이다.

시기상조의 자율성

여기서는 무엇보다도 그것이 불러일으키는 결함에 대해 의식하지 못하는 부모들이 자랑거리로 삼고 있는 '너무 이른 자율성'을 경계해야 한다.

너무 이른 시기에 여러 가지를 습득한 아이들은 쉽게 '방치된다.' 어떤 아이는 4세의 어린 나이에 이미 혼자 샤워를 하고, 또 다른 아이는 유치원에 다니는 나이에 '큰 아이처럼……' 혼자 점심을 준비한다. 그러나 아이들이 욕조에 있거나 샤워를 할 때 그들 옆에 어떤 존재를 느끼는 경험을 할 수 있다고 해서 뭐가 즐겁겠는가? 존재를 느끼는 것만 갖고는 자신을 발견하고, 말하고, 아주 어린아이의 육체적인 즐거움을 되살리기 위해서 부족하지 않은 기회가 아닐까. 매순간 아이를 감시할 필요가 없다고 책에 나와 있는 시기부터 아이가 혼자 목욕하도록 독려하는 것은——4,5세부터——물 속에서 이완되고 편안한 상태에서 몸 주위를 살펴보는 순간의 기회를 잃는 것이다. 아이의 아침

식사로 버터와 잼을 바른 식빵을 준비하고, 아이와 함께 같이 빵을 먹거나 적어도 아이와 동석하는 등의 위와 같은 행위는 모두 강한 정서적인 가치를 지닌다. 음식과 마찬가지로 육체에 세심한 주의를 기울이는 것은 보편적으로 감수성을 중심에 두는 특성을 지니고 있기 때문이다.

그러나 위에서 한 제안은 결단코 매순간 아이와 함께 있어야 함을 의미하는 게 아니다. 아이에게 공상의 공간을 마련해 주고자 한다면, 아이 자신의 상상력을 키우기 위해 아이가 혼자 있거나 놀 필요가 있는 순간과 또는 누군가와 교환하고 함께해야 할 필요성이 있는 순간 사이의 균형을 발견해야 한다. 모든 아이가 자신의 사고를 발전시키는 것을 배우기 위해 혼자 있는 능력을 습득한다면, 동시에 아이가 필요성을 느낄 때 아이에게 대응할 수 있는 누군가가 있는 것이 바람직할 것이다. 아이는 그것을 할 수 있는 일로 기억할 것이고, 일반적으로 어른과 타인에 대해 신뢰감을 느끼게 될 것이다.

어떤 의존 관계는 아이의 정서적인 안정감의 필요성을 더욱 강하게 유지시키는 반면, 아이가 너무 조숙하여 자녀와 부모 간 떨어지는 일이 많다면 여기서의 의존 관계는 이론의 여지없이 점차적으로 독립 상태로 나아가는 데 있어 필요한 일이 되는 것이다. 현실을 깨우친다는 것은 쉬운 일이 아니다. 아이들은 부모 근처에서 안전하다는 욕구를 느낀다. 청소년기와 마찬가지로 아동기에 대해서도 도널드 위니코트의 조언은 귀담아 둘 가치가 있다. "청소년기의 미숙함을(몇 년간 지속되는 상태) 구조하기 위해서는, 이들에게 그것을 얻기 위해 투쟁할지라도 과하지 않은 책임감을 전수시켜 거짓으로 성숙함에 도달하지 않게 하세요."*

오늘날처럼 어머니들의 보편화된 일은 소중한 순간을 제거하는 너무 이른 시기와 연장된 분리를 분명히 끌어들이는 것이고, '공통된 시간'의 중요성을 발견하는 것은 필수적이다. 무엇보다도 부모/자녀의 관계는 공유를 필요로 하기 때문이다. 비록 함께하는 것을 고안해 내는 이 시간이 현대 사회에 들어와서는 모든 것 중에서도 희귀한 사항으로 되고 있다손치더라도 말이다.

그러나 오늘날 성인과 교육자는 체계에 집착하여 미래의 어른들을 조건짓는다. 이 의미 안에서 가르칠 의무가 있는 모든 이들은 점차적으로 변화의 필요성을 인식한다. 어떤 이들은 많은 수의 아이들이 위와 같은 상태에 있는 것에 실망해 다른 것을 보고 다른 방식으로 보기 위해 '뒤처질' 권리를 요구하기도 한다. 이들은 내적인 삶의 욕구를 인식한 인간의 자연적인 리듬과 합법적인 갈망을 고려한 새로운 균형 관점에서 다른 방식으로 살 수 있게 되길 바란다. 우리 아이들이 이상이 결핍된 야망 이외의 것을 부여하지 않는 이 사회에서 길을 잃게 방치하기를 원하지 않는다면, 지금부터 이들의 기대가 효과를 동반하는 것은 시급한 일이다.

이상의 필요성

"모든 사회와 모든 인간의 가치는 인간이 꾸는 꿈의 질로 측정된다"라고 장 그노는 쓴 바 있다. 오늘날의 청소년들은 개인의 발전의 기본

---

* 도널드 위니코트, 《놀이와 현실》, Gallimard, 1971, p.202.

이 되는 시기에 이들의 상상력을 길러 주는 이상의 결핍으로 고통받고 있다.

이상의 위기에 직면해 광신적인 개인주의는 여전히 젊은이들이 받아들여야 할 최후의 가치로서 일종의 숭배되는 대상이 되고 있다. 이렇게 이들의 존재 목적이 최대한의 쾌락, 더 나아가 극도의 쾌락을 추구하는 것에 이르는 반면 이들의 자아가 모든 고정 관념의 중심이 되는 새로운 동향이 나타난다.

기술을 통해 만들어진 음악에 맞추어 밤새도록 춤을 추는 '새로운 테크노 성향'의 신봉자들은 다른 것을 하지 않는다. 이 젊은이들은 일과 여가 간에 분명한 선을 긋고 춤으로 일상 생활의 욕구불만을 해소한다. 자신을 즐겁게 하는 모든 것을 소비하는 광적인 나르시즘의 특성을 띠는 이들은 거의 정치 활동이나 다른 어떤 활동을 하는 데 시간을 내지 않는다." 가능한 모든 모델을 내던져 버린 후 그들은 꿈과 일탈로는 충족되지 않는 욕구를 채우고자 하는 쇠잔되는 욕망 안에서, 그들 자신을 제외하고는 더 이상 그 무엇과도 그 누구와도 일체가 될 수 없다."* 이후로 그들은 어떤 냉소적인 느낌을 지니지도 않고 어릴 때부터 숭배 분위기에 빠져 지냈던 소비 생활을 우스꽝스럽게 모방하는 것을 재현하는 일에 만족하면서 반항하는 것을 포기한다.

우리는 '눈 속 깊은 곳에 꿈이 잔인하게 결여될' 만큼 듣지도 이해도 못하는 사람들 속에서 통제할 수 없는 표류 상태에 직면해 있다. 오늘날 젊은이들이 어떻게 '꿈꾸는 것을 갈망할' 수 있겠는가? 반면 개개인의 마음속에 자기 안에 있는 꿈의 역할…… 다른 세계의 생각과

---

* 안 마리 레이 · 롤랑 힐, 《제노바 논단》, 19 *août* 1994, p.2.

이들이 품고 있는 깊은 내면의 갈망과 더 인접한 생각을 여전히 지지할 수 있는 유토피아만의 역할에 가치를 부여할 줄 아는 것으로 족하다.

그래도 앞으로의 사회는 이들에게 자신들의 꿈을 표명할 수 있는 사회가 될 것임에 틀림없다.

얼마 전 나는 자살 시도 후 매우 의기소침한 상태에 있는 한 젊은이를 상담한 적이 있다. 20세의 이 청년은 자신에게 있어 진정한 자유는 분명 '본심에서 우러나온' 모습을 더 많이 보이는 것이라고 인식하고는 자신에게 '주어진 역할'을 매우 냉소적으로 실행하는 데 시간을 보냈다. "예전에 젊은이들이 자신이 살고 있는 세계가 부모들이 살았던 세계보다 더욱 좋아질 것이라는 희망 속에 살았다면, 오늘날은 자기 자신으로 있는 것은 매우 힘들어요. 그것은 더 이상 진실이 아니에요. 현재 우리 시대의 젊은이가 에이즈와 실업의 위협 앞에 놓이고 동시에 배척당하고 있는 것을 보면 우리 부모 세대의 청년기는 이보다 훨씬 좋았던 것으로 여겨져요. 어른들은 우리에게 디스코텍은 가지 말라고 해요. 제 자유는 저의 창의력을 키워 주고, 이 능력은 저에게 요구한 게 아니기에 저는 이 능력에 대해 평가받지 않아요. 우리들의 지위는 더 이상 표현의 자유가 사랑과 일에 대해서도 가능하지 않다는 사실에서 지킬 수 없는 거지요"라고 그는 말했다.

이 청년의 양보 없는 명석한 증명은 틀림없이 동년배들의 의견을 비장하게 표현한 것이라 할 수 있다. 어떤 이들은 더 이상의 청년 고유의 위험과 모험의 기회를 주지 않는 세계와 단절하기 위해 자신의 생을 희생시키면서까지 다양한 역할 활동에 열중한다.

형성된 길보다는 실지로 대피선에 더 흡사한 청소년기에서 오늘날의 젊은이들은 '경제적인 영역과 학교 영역에서 다소 수동적인 피보

호자'로 있는 것에 더 이상 만족하지 않는다. 이들은 '다시 완전히 사회의 주동자가 될' 권리를 요구하고 있다.*

그러나 그들이 선배들이 행하는 정치에 환멸을 느끼고 있다 할지라도 다행히 아직은 인생의 의미에 대한 진정한 질문을 제기하면서 세계를 재건하는 데 저녁 시간을 바치는 많은 수의 젊은이들이 있다. 철학으로의 복귀는 인간 행위의 무대에 존재하고픈 욕망 같은 이것에 전념하고 있음을 나타내는 것이다.

현실에 기초한 꿈을 지니고 있다고 생각하는 사람들은 꿈꿀 권한이 있는 아이들이 아니지 않는가? 반대로 유년기에 너무 일찍 꿈을 빼앗겨 버린 이들은 때로 자신에게 해로운 인위적인 파라다이스나 폭력을 추구하는 나쁜 상황에 빠지게 되고, 우리 어른들이 최선을 다해 직업적인 성공을 위해 달려온 절망에 찬 청소년기를 만들어 냈기에 이들은 자신의 능력을 개발할 시간이 없지 않겠는가?

---

* 미셸 피즈, 《청소년들》, Fayard, 1994.

결론에 부쳐

"당신의 아이들은 당신들의 자녀가 아니다. 그들은 삶 자체에 부름을 받은 아들과 딸들이다. 그들은 당신을 통해 이 세상에 왔지만 당신들의 소유물이 아니다. 그들이 당신과 함께 있다 할지라도 당신에게 소속된 게 아니다. 당신들은 그들에게 사랑을 주지만 당신들의 생각을 강요해서는 안 된다. 왜냐하면 그들에게는 그들 자신의 생각이 있기 때문이다. 당신은 이들의 육체를 받아들일 수 있지만 정신은 받아들일 수 없다. 그들의 영혼은 당신이 꿈속에서라도 방문할 수 없는 미래의 집에 살고 있기 때문이다. 당신은 그들처럼 되려고 노력할 수 있지만 그들을 당신들처럼 하게 하려고 시도해서는 안 된다. 인생은 뒤로 후퇴하는 것도 과거에 머물러 지체하는 것도 아니기 때문이다."

칼리 지브란, 《선지자》

이 책 서두에서 언급한 것처럼 나는 어떤 방식으로도 특정 처방을 제시하려고 하지 않았다. 현대는 너무 많은 처방을 주고, 나는 이것들의 과장된 끔찍한 영향에 대해 주의를 기울인다. 자녀들의 말을 많이 들어 주는 부모들을 환기해 보자. 그리고 우리들은 훗날 귀 대신 뿔이 달린 어른들을 둘 것이다! 이들에게 자녀들의 시선을 일깨우라고 말하고, 우리는 눈 대신 횃불을 들고 있는 자녀들을 둘 것이다!

직업에 대비하고자 하는 최소한의 마음도 없는 상황 속에서 나는 단지 추상적으로 얻은 지식, 시기상조의 자율성, 경쟁 등 이 모든 개념으로 초래된 재난에 독자가 좀더 민감한 주의를 기울일 것을 바랐다. 이것은 우리 각자 안에 자리잡고 있는 창의성을 개개인의 독특한 표현으로 드러내려는 시도를 희생시킨다. 이 창의성은 다양하게 이루어지는 예술적인 표현과 함께 과학적 발견의 근원이 되는 것으로, 이 두 가지는 인간의 자질을 보충하는 영역이다.

우리는 많은 부분에 부모들이 자신들이 경험한 것을 감언이설로 자녀들에게 투사하는 것을 살펴보았다. 우리 모두는 정도의 차이만 있을 뿐 오늘날 주된 관심사로 대두되는 사회의 영향과 경제적 이익에 집착하여 우리 자녀에게 강요하고 있기 때문이다. 이 모든 것으로부터 아이들은 자유롭게 되어야 한다.

그리고 유년기의 세계는 당연히 꿈과 상상을 보유하는 시기여야 한다. 아이들이 상상과 꿈을 탐험할 수 있도록 공석의 시간을 내주는 것은 아이들에게 훗날 거리낌없이 현실에 맞설 힘을 얻게 해주는 것이다. 이렇게 아이들은 반항의 에너지를 얻을 수 있고 그것을 가지고 평가·선별·제외 기준, 우리 사회의 정해진 기준과 이미 학교에서 제시된 기준에서 벗어나 맹목적인 어른들에게 우리가 다른 삶을 선택한다는 것을 알리기 위해 '아니오'라고 말할 수 있는 힘을 갖게 되는 것이다.

고갱은 편지에서 다음과 같은 글을 썼다. "나는 결코 타인들로 인해 내 인생의 방향을 바꾸지 않고 자아가 품고 있는 것을 행하기에 나는 강하다."

현대 사회는 내적 세계(다양성 안에서 자신을 자연스럽게 표현하는 것

을 갈망하는 개인을 질식시키는 사회)와 외적 세계(내적 세계에 적응 못
한 사람을 제외시켜 개개인을 규격화시키는 탐욕과 수익성으로 이루어진
세계)가 공존하는 현대 사회는 상호 교류가 거의 단절된 상태에 처해
지게 되면서 이 두 세계가 갈수록 갈라지는 양상을 보이고 있다. 가장
감성적인 사람에게 있어서 이같은 대립은 우울증을 유발하고, 때로는
정신 요법의 도움 없이는 이 상황을 극복하기가 힘들어진다. 근심에
서 벗어나는데 일반화된 자아 약물 치료인 '행복의 알약'의 소비량을
비교할 수 없을 정도로 프랑스에서는 판매 기록을 세우고 있다.

　상상력은 호기심과 불가분의 관계를 맺으며 무한정한 탐험의 영역
을 제공해 준다. 그리고 호기심이 왕성한 아이는 이런 상황에서 벗어
날 수 있다. 그는 관찰·적응·창조할 수 있는 능력의 담보를 소유하
고 있기 때문이다. 마찬가지로 상상은 역학으로 그 안에서 사람은 영
혼의 독립을 보존하고 자신의 여정을 좇아가기 위해 자신의 일생 내
내 필요한 에너지를 퍼올릴 수 있는 것이다. 어떤 이들에게는 자신의
유일한 마지막 보루인 소유를 숨기거나 가두어 버린다. 양도할 수 없
는 자유 안에서 그들은 살아남을 힘을 발견하게 된다.

　"꿈꿀 시간을 주세요"라고 요구하는 우리의 아이들은, 이해하고 행
동하고 드러내는 것을 갈망하는 것만큼 모든 활동 형태를 억압하는 것
을 바라지 않는다. 아이들은 우리들에게 더욱 단순하게 제안한다: "엄
마, 아빠, 내 욕망을 측정하고 내가 활짝 피어날 수 있게 내 욕망을 실
현할 수 있는 방법을 찾을 수 있는 시간을 주세요." 따라서 최악의 상
태는 자신의 깊은 내면에 있는 것을 표현할 수 없는 것이다. 이 합법
적인 욕망은 우리 개개인의 내면 안에서 잠자고 있는 잠재적인 창조
성으로 가능하게 해준다. 위니코트가 언급한 것처럼 "사람은 창조적

으로 살아갈 때에만 자신을 발견하게 되기" 때문이다.*

경쟁의 피해로 지치고 메마른 상태에 처한 우리 아이들이 자신의 내적 세계를 번식시키기 위한 힘을 지니게 되는 어떤 방법도 가질 수 없게 되고, 아이들을 압박하는 걱정거리에 대처할 수 있는 힘도 지니지 못하는 창백한 어른으로 되는 것을 피하게 해주자. 우리가 기계와 상품이 절대적인 주인으로 군림하는 획일화된 규정으로 인한 복제 사회의 부모가 되지 않기 위해서는 상상의 세계에 자리를 내어주고, 결국 우리 아이들에게 꿈꾸고 자신에 눈뜨는 시간을 내어주어야 한다.

우리에게 아주 많이 부족한 영적인 것은 틀림없이 소비와 그 소비의 필연적 결과인 사리에서 벗어난 지나친 물질주의의 위험한 중독의 해독제로 제시된다. '세계의 매혹'에 대해 앙드레 말로는 변호했던가……

* 도널드 위니코트, *op. cit.*, p.76.

Claude Allard, *L'Enfant machine*, Balland, 1986; *Le Corps de l'enfant de l'imaginaire au réel*, Balland, 1989.

Didier Anzieu, *Le Corps à l'œuvre*, Gallimard, 1981.

Henri Aubin, *Art et magie chez l'enfant*, Privat, 1971.

Jean Baudrillard, *Le Miroir de la production*, Livre de poche, 1975; *La Société de consommation*, Denoël, 1970; *Le Crime parfait*, Galilée, 1994; *Les Pouvoirs de l'image*, Dunod, 1994.

Bruno Bettelheim, *Pour ou contre Summerhill*, Payot, 1973; *Psycanalyse des contes de fées*, Robert Laffont, 1976.

Chritian Bobin, *Le Huitième Jour de la semaine*, Lettres vives, 1986; *L'Épuisement*, Éd. Le temps qu'il fait, 1994.

Albert Camus, *Le Premier Homme*, Gallimard, 1994.

Jean-Pierre Changeux, *Raison et plaisir*, Odile Jacob, 1994.

Marie-Magdeleine Chatel, *Malaise dans la procréation*, Albin Michel, 1993.

Claude Clero et Robert Géoton, *L'Activité créatrice chez l'enfant*, Orientations, 1971.

Françoise Dolto, *La Cause des enfants*, Robert Laffont, 1985; *La Difficulté de vivre*, Carrière, 1986; *Tout est langage*, Carrère, 1987; *L'Échec scolaire, essais sur l'éducation*, Presses Pocket, 1989.

Michel Fize, *Le Peuple adolescent*, Fayard, 1994.

Sigmund Freud, *Ma vie et la psychanalyse*, Payot; *Introduction à la psychanalyse*, Payot; *La Vie sexuelle*, PUF; *Résultats, idées, problèmes*, tome I, PUF, 1988.

Ivan Illich, *Une Société sans école*, Seuil, 1971.

Sarah Kofman, *L'Enfance de l'art*, Payot, 1970.

Liliane Lurçat, *Le Jeune Enfant devant les apparences télévisuelles*, Desclée de Brouwer, 1994; *Le Temps prisonnier, des enfances volées par la télévision*, Desclée de Brouwer, 1995.

Georges Mauco, *Psychanalyse et éducation*, Flammarion, 1993.

Rainer-Maria Rilke, *Lettres à un jeune poète*, Le Livre de poche, 1989.

Jean-Paul Sartre, *L'Imaginaire*, Gallimard, 1986.

André Verdet, *Les Exercices du regard*, Galilée, 1991.

Pascale Weil, *À quoi servent les années 90?*, Seuil, 1993.

Donald W. Winnicott, *De la pédiatrie à la psychanalyse*, Payot, 1958; *Jeu et réalité*, Gallimard, 1971; *La Nature humaine*, Gallimard, 1988.

Esquisse psychanalytique, 〈L'enfant et psychanalyse〉, CFRP, 1993.

La Sublimation, les sentiers de la création, ouvrage collectif, Tchou, 1979.

Le Journal des psychologues, déc. 94-janv. 95.

Éducateur, 〈Pédagogie et éducation〉, juillet 1992.

Topique, 〈Pouvoirs de l'image〉, n° 53, Dunod, 1994.

감사의 말

이 책의 고찰에 동기가 되어 준 나의 모든 환자들, 특히 본서에 자신들의 문제점을 언급하는 것을 허락해 준 분들에게 감사를 표한다.

또한 비판과 애정 어린 격려를 보내 준 뮈리암 골드만과, 해박한 지식으로 이 책을 집필하는 데 도움을 준 자크 세다에게도 감사를 표한다.

이 책을 저술하는 데 값진 협력을 해준 L. 티부에게 감사의 말을 전한다.

아녜스 · 가엘 · 에밀리 · 라파엘과 뤼카스를 위해 이 책을 쓴다.

그리고 나에게 독립적 취향을 전해 준 아버지와, 이 세상을 마칠 때까지 격려의 말을 아끼지 않았던 친구 카뮈 박사에게 이 책을 바친다.

<h1 style="text-align:center">역자 후기</h1>

일상에서 수없이 마주치는 자극적인 매체와 걸러지지 않는 수많은 정보에 노출된 채 아이들은 그들만의 본성을 잃어 가고 있다. 더욱이 보다 좋은 성적을 올려야 한다는 미명 아래 과도한 학업의 중압감으로 아이들은 더 이상의 꿈꿀 시간이나 창의적인 시간을 가질 수 없게 되었다.

심리치료 전문의로서 저자는 이같은 압력에 고통받는 많은 아이들을 상담한 사례를 토대로 여러 가지 문제점들을 제기한다.

— 아이들에게 놀이가 필요한 이유는 무엇인가.

— 아무것도 하지 않는 무위의 시간을 건설적인 시간으로 간주하는 이유는 무엇인가.

— 무료한 시간은 아이에게 있어 어떤 이익이 되는가.

— 텔레비전과 비디오 게임에 할애하는 시간에 대하여 꿈꾸는 시간에 얼마만큼의 자리를 내어주게 되는가.

— 아이에게 자신이 할 일을 선택하는 자유를 어디까지 허용해야 되는가.

– 아이가 창조의 즐거움을 유지하기 위한 방법은 무엇인가.

이같은 문제점들을 토대로 저자는 현재 자행되고 있는 과도한 활동은 아이들의 풍부한 상상력과 창의력을 억제한다고 규정하면서 아이들에게 단순히 놀 자유를 돌려 주어야 한다고 호소한다. 다양한 놀이 활동을 경험하면서 아이들은 자신의 욕망을 표현할 수 있는 방법을 깨우친다.

유년 시절 꿈꿀 시간을 빼앗긴 아이들에게 어떤 보상을 해줄 수 있겠는가? 저자가 서문에서 인용한 프랑수아즈 돌토의 말대로 "아이는 그 자체로 받아들이고 어른들이 시간을 두고 기다려 준다면 무한정 발전할 수 있는 능력을 갖고 있다."

이 책은 〈부모와 자녀 교육〉이라는 시리즈 제목으로 여러 심리치료 의사들이 현장에서 접한 상담 사례를 토대로 다양한 시사적인 주제들을 선별해서 집필한 것이다. 따라서 이 시리즈의 책들은 우리가 일상에서 흔히 마주치게 되는 여러 가지 문제들을 다루고 있다. 맹목적인 교육열에 들떠 있는 우리네 부모들이 좀더 진지하게 생각해 볼 수 있는 기회가 되었으면 하는 바람이다. 간혹 두 나라간의 문화적 차이에서 오는 생소함도 있지만 아이들의 교육이라는 보편적인 시각으로 보면 별 문제가 없으리라 본다. 이 책의 제목처럼 꿈꿀 시간을 달라고 절규하는 아이들의 바람을 부모들이 관심을 갖고 귀기울여 들을 때 그만큼 아이들의 고통은 줄어들 수 있지 않을까 생각해 본다.

항시 여러모로 수고를 아끼지 않는 동문선 편집진에게 미안함과 고마운 마음을 전한다.

2006년 1월 박주원

박주원
파리5대학 불어교육법 학 · 석사, 응용언어학 박사과정 수료
역서: 《시민 교육》 《노동사회학》

문예신서
2003

엄마 아빠, 꿈꿀 시간을 주세요!

초판발행 : 2006년 1월 10일

東文選
제10-64호, 78. 12. 16 등록
110-300 서울 종로구 관훈동 74번지
전화 : 737-2795

ISBN 89-8038-931-0 94370
ISBN 89-8038-000-3(세트 : 문예신서)

東文選 文藝新書 2006

엄마 아빠,
전 못하겠어요!

엠마누엘 리공 / 이창실 옮김

"아이가 자신감이 없어요. 금세 좌절해 버려요. 자기 능력을 의심해요……"라는 말을 부모로부터 자주 듣게 되는데, 이런 지적을 무심코 넘겨서는 안 된다. 아주 어린 시절에 이미 행복하고 균형 잡힌 삶의 바탕이 되는 자긍심이 형성되기 때문이다. 그런데 자아에 대한 내면의 가치 의식이 때로는 나이에 상관없이 아이들에게 결여될 수 있다.

임상심리학자이자 심리치료사인 엠마누엘 리공은 이 책에서 아이가 확고한 자아를 확립하고 안정감을 가질 수 있도록 도우면서, 부모들이 제기하는 다음의 질문들에 답변한다.

- 자긍심은 어떻게 형성되는가?
- 외부의 영향력은 얼마나 큰 비중을 차지하는가?
- 교육의 원칙들로 말미암아 아이가 스스로를 평가절하할 수도 있을까?
- 아이는 어떤 행동들을 통해 자신감의 결여를 드러내는가?
- 어떻게 '적절한 정도' 의 칭찬을 해줄 수 있는가?
- 어린아이도 자신을 의심할 수 있을까?
- 자신을 사랑하지 않는 청소년에게 어떤 도움을 줄 수 있을까?

아이가 자신을 사랑하고 존중하도록 돕기. 삶의 각 단계를 넘어설 수 있도록 아이에게 근본적인 신뢰감을 부여하기. 본서는 우리에게 이런 가르침을 주며, 지금까지 너무 자주 소홀히 여겨져 온 주제에 대해 새로운 시야를 열어 보인다.

東文選 文藝新書 2005

부모들이여, '안 돼'라고 말하라!

파트릭 들라로슈 / 김주경 옮김

"금지하는 것은 금지되었다." 이 역설은 부모의 권위가 실추되어 가고 있는 사회를 폭로한다. 그 사회에서 어머니들은 너무 권위적이 되는 것을 두려워하는 반면, 아버지들은 아버지 이미지가 점차 약해져 가는 것을 두려워한다. 그런데 체험된 경험과 임상실험에 의한 관찰은 아이가 어른으로 성숙해 가기 위해서는 반드시 한계선을 필요로 한다는 것을 증명해 준다. 자녀에게 감히 '안 돼'라고 말하지 못하는 부모들의 태도는 교육을 돕기보다는 교육의 기준을 무너뜨리고 있다.

- 어디에서 금지가 필요한가?
- 무엇을 거부해야 할까?
- 벌을 꼭 주어야만 할까?
  벌을 줘야 한다면 어떻게 주어야 할까?
- 위반에 대해서 어떻게 반응해야 할까?
- 성에 관한 문제에서는 어떤 태도를 취해야 할까?

정신분석가이자 소아정신과 의사이며, 《문제 있는 청소년기》의 저자인 파트릭 들라로슈 박사는 감히 한번도 안 된다고 말해 보지 못한 많은 아버지와 어머니들이 제기하는 이런 문제들에 답하고 있다. 그는 자녀에게 해서는 안 되는 것을 금지할 때 부모 각자가 해야 할 역할과 기능을 설명하고 금지의 필요성을 정의하면서, 확고하면서도 결코 지나치게 엄격하지 않은 교육을 옹호한다. 그것이야말로 아이가 훗날 의무와 구속의 사회 속에 제대로 자리잡을 수 있도록 도와 주는 유일한 방법이 아니겠는가? 이 요청은 심리학적 개념들이 너무나 자주 잘못 이해되고 있는 탓에 희생자가 되어 버린 많은 부모들을 죄책감에서 해방시켜 줄 것이다.

東文選 文藝新書 2001

우리 아이들에게
어떤 지표를 주어야 할까?

장 뢱 오베르 / 이창실 옮김

가족이 해체되고, 종교와 신앙·가치들이 의문에 부쳐지고, 권위와 교육적 기준들이 흔들리고 있다. 오늘날 전통적 지표들이 동요하고 있는 것이다. 그런데 아이가 밝고 건강하게 자라기 위해서는 반드시 지표들이 주어져야 한다. 그렇지 못할 경우에 극단적인 태도로 기울어질 위험이 있기 때문이다.

교육심리학자이자 여러 저서의 저자이기도 한 장 뢱 오베르는, 아이들과 부모들에 대한 일상의 관찰에 힘입어 다음의 질문들에 대답하고 있다.

- 갓난아이, 어린아이, 청소년에게는 어떤 지표들이 반드시 필요한가?
- 아이를 과잉보호하지 않고 어떻게 안심시킬 수 있을까?
- 왜 다른 교육이 필요한가?
- 청소년기의 위기 앞에서 어떻게 반응해야 할까?
- 건전한 지표들과 불건전한 지표들을 어떻게 구별할 수 있을까?
- 무엇이 아이에게 강한 정체성을 부여하는 것일까?
- 쾌락과 관련된 지표들이 어떤 점에서 중요한가?
- 아이들은 신앙을 필요로 하는가?

본서는 부모들의 필독서로서, 그들에게 반성의 실마리 및 조언을 주어 자녀들이 절대적으로 필요로 하는 지표들을 제공할 수 있도록 한다. 그리하여 아동이 속박이나 염려스러운 불분명함 속에 방치되는 일 없이 교육을 통해 적절한 균형을 찾을 수 있도록 도와 준다. 또한 현재와 미래의 행복한 삶을 위한 성공의 조건들을 하나하나 제시해 나간다.

東文選 文藝新書 243

행복해지기 위해 무엇을 배워야 하는가?

알랭 우지오 [외]
김교신 옮김

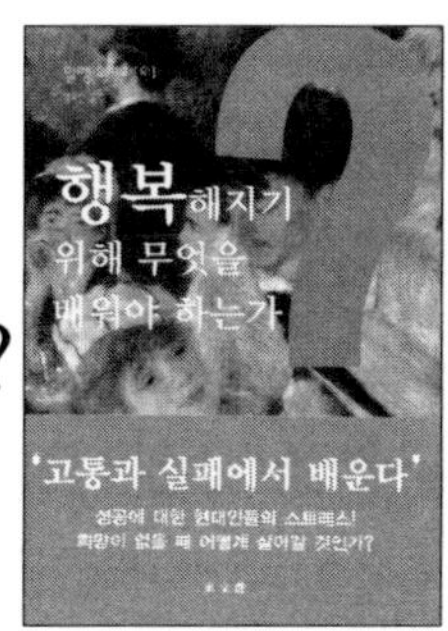

아니, 행복해지는 법을 배울 수 있기라도 한 것일까? 행복하지 않다면 그 인생은 실패한 인생이란 말인가? 그리고 실패한 인생은 불행한 인생이고, 이는 아니 삶만 못한 것일까? ……현대인들은 과거의 그 어떤 조상들이 누렸던 것보다도 더한 풍족함 속에서도 끊임없이 '행복에 대한 강박증'에 시달린다. 행복은 이제 의무이자 종교이다. "행복하라, 그렇지 않으면……."

프랑스 개혁교회 목사인 알랭 우지오의 기획 아래 오늘날 프랑스에서 가장 영향력 있는 22명의 각계 유명인사들이 모여 '행복해지는 법'에 대한 지혜를 짜모았다.

- ■ 실패로부터 이익을 끌어낼 수 있을까?
- ■ 고통은 의미가 있을까?
- ■ 행복해지는 법을 배울 수 있을까?
- ■ 신앙은 삶에 도움을 줄 수 있을까?
- ■ 자신의 감정을 두려워해야 할까?
- ■ 더 이상 희망이 없을 땐 어떻게 살아야 할까?
- ■ 타인을 받아들이는 법을 배울 수 있을까?
- ■ 자기 자신을 사랑하는 법을 배울 수 있을까?

마지막으로 알랭 우지오는 행복해지기 위한 세 가지 기술을 제시한다. 먼저 신뢰 속에 살아 있다는 느낌, 그 다음엔 태평함과 거침없음, 그리고 마지막으로 삶에 대한 단순한 사랑으로 '거저' 사는 기쁨. 하지만 이 세 가지 중에서 가장 중요한 것은 변명도 이유도 없는 것에 대한 사랑, 삶에 대한 사랑이다.

東文選 文藝新書 292

교 육 론

장 피아제

이병애 옮김

　피아제의 관심은 지성이 어떻게 우리에게 생기는가이다. 그는 아이들에게 어떻게 인지 능력이 생겨나고, 지성이 발달하는지를 이해하고자 하였다. 그리하여 지성의 발달에는 단계가 있고, 가르침에 의해서보다 주체의 활동에 의해서 앎이 이루어진다는 것을 알았다. 따라서 학교에서 교사의 주입식 교육보다 학생의 능동적 참여를 강조하게 된다. 사실 피아제는 교육학자라기보다는 심리학자·인식론자·생물학자로서 많은 연구 업적을 쌓았다. 그러나 이러한 과학적인 발달 이론을 적용하여 효과적인 교육을 할 수 있다고 보았으므로 교육에 지속적인 관심을 갖고 있었다.

　아동 교육에서 선생의 역할은 무엇이며, 그 중요성은 어떠한가? 아동의 정신 안에 세계를 이해하게 할 도구나 방법을 형성해 주어야 하는가? 아동의 질문에 대답해 주어야 할까, 아니면 반대로 권위적인 방식으로 지식을 물어보아야 할까? 아동이 자기 것으로 만들 수 있도록 하려면 어떻게 활동을 제시해야 할까?

　교육 방법론, 교사의 역할, 아동의 자율성, 장 피아제는 일생 동안 이러한 주제들을 끊임없이 문제삼았다. 이 책이 말하고 있는 것은 그러한 것들이다. 이 책은 지금까지 일반인들에게 폭넓게 알려지지 않았던 텍스트들을 그 연속성 안에서 이해할 수 있게 해줄 것이다.

　아동 인지 발달 이론의 전문가인 장 피아제(1896-1980)는 20세기의 가장 위대한 심리학자라고 모든 사람이 생각하고 있다.